神々の棲む知床と共に生きる

佐野 博

ウェイツ

知床三堂。右から毘沙門堂、観音堂、太子殿

毘沙門堂ご本尊。斜里川河口で発見されたハルニレの沈木を彫ったもの

例祭懇親会の準備をするスタッフたち

例祭で参道を行く関係者たち。立松和平くんも元気だった

例祭のようす

例祭のようす

冬の参道。奥に見えるのは観音堂

例祭のようす

記念すべき知床毘沙門堂落慶入仏式（平成7年7月3日）

↑平成26年、第20回例祭を終えて、
大勢の有志と大瀬さんの番屋に

菅原文太さんと杉田さん。番屋の近くで

知布泊村に一番最初にできたログハウス

例祭で山小屋に集まった仲間たち

平成16年、知床のイチイの木を京都のお寺に寄贈。その出発式

平成10年、法隆寺百済観音堂の落慶式のようす

平成16年、知床から運んだ1100本のイチイの木を京都相国寺、金閣寺、銀閣寺、清水寺に植える

知床自然学校の仲間たち

立松和平くんと大瀬初三郎さん

総代の頃の立松和平くん

立松和平くんの自宅書斎にて

パリ・ダカールラリーでコースの打合せをするメンバー（平成4年）

知床ワイングラスの滝

前書き

本書は、知床例祭や知床のことをぜひとも後世に伝えるために書き留めたものである。

本来は、作家で私の30年来の友人でもある立松和平くんに書いてもらうのが当然のことだった。ところが、彼は平成22年2月8日に突然他界してしまった。そこで急遽、私のような文章に不慣れなものがその役割を務めざるを得なくなったという次第だ。

なぜ本来は立松くんが書くことなのかというと、これまで彼とはさまざまな共同作業をしてきたからだ。とりわけ知床においては、後世に伝えなければいけないと考えられるものがたいへん多い。

昭和57年、共に知床知布泊村をつくったことからはじまり、知床毘沙門堂の建立とそれに続く知床聖徳太子殿と知床観音堂をつくり、毎年の例祭を立ち上げたこと、さらには知床を世界自然遺産に登録して実現したこともあった。このほかにも知床でのいろいろな活動を一緒に体験してきた。

こうした知床での活動が思わぬところへ波及することがあった。奈良県法隆寺の百済観音堂・新宝蔵院前庭に、知床のイチイの木を４５０本寄贈することになったり、さらにそこから今度は京都の金閣寺、銀閣寺、清水寺、石清水八幡宮、東本願寺、西本願寺にもイチイの木を千本以上も寄贈することになったことである。

そんなことから、知床での活動は予期せぬうちにどんどん広がっていった。これは立松くんの持つ人との繋がりの広さと深さのおかげだ。

立松くんとの活動は知床以外でも多い。平成3年から4年にかけてはパリ・ダカール・ラリーに「チーム立松」として参加し、2人で完走した。命がけでなんとかゴールできたのは1カ月後だったが、このときは「おれたちはきょうだいだ」と言って、2人で抱き合って男泣きしたものだ。知床の自然の美しさや環境を守るために、「ニュースステーション」をはじめとするいろいろなテレビ番組や出版物でも、全国に発信するお手伝いをさせてもらった。

だから、本書の執筆者は立松和平くんでなければいけなかった。

昨年（平成26年）、知床例祭は20周年を迎えることができた。

6月29日当日は、知床特有の抜けるような青空に短い夏の始まりを思わせる、すがすがしい最高の日和だった。四季のはっきりとしている知床では、すでに知床連山の雪は消え、透き通って香るような空気と木々の青葉がまぶしく輝いていたことは、いまでもはっきりと思いだすことができる。

例年、この時期は天候にも恵まれているが、今回は記念すべき第20回「例祭」ということもあり、より一層素晴らしい天気で迎えることができたことがうれしかった。そうしたこともあってか、法昌寺毘沙門講、奈良京都仏教界を初めとし、例年以上の400人近い人たちが全国から集まってきた。日本経済新聞社などのマスコミのほか、京つけものの「西利」や空調設備で知られる「ダイキン」、さらには「損保ジャパン日本興亜」「東京海上日動火災保険」「三井住友海上火災保険」などの企業関係の方も全国から参列された。

午前10時、第20回例祭は、東京下谷法昌寺の福島泰樹住職が管理する知床毘沙門堂での法要から始まった。福島住職の読経はいつもよく通る声で、知床中に響き渡るかのようなすがすがしさとともに、厳しさも含んでいる。まさに、北方を守り、世を護る毘沙門天にふさわしい法要だった。

続いて、知床聖徳太子殿では法隆寺大野玄妙管長による法要が営まれた。大野管長は福島住職とは違い、どちらかというと優しさを体現したような方で、語り口も柔らかい。しかし、聞く人には心にストンと落ちるような語り口といえよう。

次に最後の知床観音堂での法要となる。京都仏教会を代表する臨済宗相国寺派有馬頼底管長は、ごぞんじのとおり、金閣寺・銀閣寺・相国寺のご住職であり御歳は80歳を超えておられるが、そのご健在ぶりをしめす法要は、だれしもそのありがたさがひしひしと伝わってくる思いがするはずだ。

こうしてすべての法要を無事終え、11時30分頃から参列者はふもとのふれあい広場の式典へ移動する。最初に来賓からの祝辞として斜里町の馬場町長からお話をいただいた。その後は、日経新聞、ダイキン、ホンダカーズと挨拶は続き、最後に主催者として例祭の総代で映画監督の高橋伴明さんからお礼の挨拶があった。

来賓に対する私のお礼の挨拶も終わっていよいよ懇親会のスタートとなる。法要のあとの緊張を解きほぐすかのように食事がはじまった。会場は日差しも柔らかで暖かく、参加者はそれぞれ思い思いのスタイルで知床の味を楽しんでいた。

懇親会の途中では、いつも来られるメンバーの一人オカリナ奏者の宗次郎くんが、知床の豊かな自然に合わせてオカリナの透き通るような音色を聞かせてくれた。また、歌手の相川七瀬さんもかけつけてくれ､ヒット曲「夢見る少女じゃいられない」などをステージで歌ってくれた。歌手の伊藤多喜男さんも、民謡で自慢の喉を聞かせてくれた。彼も古くから例祭に来てくれているメンバーの一人だ。

例祭20周年はほんの1年前のことだが、いまでも鮮明に思い出すことができる。ほかにも、当日は誰それがどこで転んだとか、誰がホタテを担当していたかなどなど、些細なことも浮かんでくる。そして、さらにそこから過去のことについても、まるで芋づる式に私の脳裏にどんどん湧き上がって広がっていく。

私は元来、記憶力がいいほうだとは思っていないが、過去のことについては、そこにいた人の名前や場所や年月日時などをかなりしっかりと覚えている。別に日記をつけているわけではないが、この記憶は他人には負けないかもしれない。きっと私には、人との出会いや自分が体験したことを立松くんのように文字で残せない分、頭の中の小さな引出しにしまうようなことを、いつのまにか覚えたのかもしれない。そしてそれもきっと、立松くんからのある種の影響なのかもしれない。つまり、立松くんのように文章で残す手段を持っていないので、それをとりあえず頭の中に閉じ込めておくしかないということを身に付けたのではないか。

たしかに、私は自分で言うのもなんだが、他人との関係を大事にしている。相手にどのようなことをしてあげればお互いにいい関係をつくれるかを、常に考えている。その基礎となっているのが、その人との過去の出来事やいろいろな思い出で、そこから導き出して、その人との素晴らしい関係づくりをいつもめざしていることは間違いない。

そこで、とにかく一生懸命、過去の記憶をたどりながら、それらを忠実に記録していくことしかないのかもしれないと考えた。そしてそこにはきっと、〝佐野博〟という男が映し出した知床の自然と、知床にまつわる多くの関係者や友人や知人を紹介できるかもしれない。それが私にとって、知床を未来に伝える唯一の方法かもしれないと信じている。

――次の縁起は平成21年の第15回の例祭のときに立松くんが残した文章である。まさかこの例祭が彼の最後の例祭になるとは思ってもみなかった。前書きで皆様にご披露し、例祭の概要をご理解頂きたいと思う。

知床毘沙門堂縁起（立松和平）

15年前、知布泊村の山荘にいる私のところに、七條史雄さんと佐野博さんがきたのがすべてのはじまりであった。しょっ中顔を出す二人ではあったが、二人が揃ってというのは珍しく、何やら真剣な表情なのであった。

「この場所は昔小学校があったところで、小さいながら集落をなし、神社もあったんだ。小学校がなくなるのは仕方がないが、その神社までなくなってしまった。心の拠りどころとなるものが欲しくなったんだ」。

二人の用件は私に神社を復興してもらいたいということであった。私は小説家で、宗教関係者ではない。どうして私に神社復興を依頼するのか問うと、二人の答えはこのようだった。

「何でもやってくれそうだから」。

そういわれたのなら、やるしかない。しかし、神社復興など、どうしたらいいのか正直なところわからなかった。そこで身近にいる友人の福島泰樹さんに相談した。

「どうせつくるなら、神社じゃなくて寺にしろ。うちの毘沙門天を分神したらいい」。

これが法華宗の日照山法昌寺福島泰樹住職の答えであった。法昌寺は東京下谷七福神の毘沙門天を祀る寺なのである。私も研究し、神仏習合の神社でもあり寺でもある三十番神堂がよいのではないかという結論に達した。三十番神とはそもそもが天台宗で起こった信仰で、国土を日本古来の神々が1カ月30日間交代して守護するということだ。毘沙門天は北方の守護神で、寺の本堂の須弥壇《しゅみだん》では鬼門である丑寅《うしとら》（北東）の位置に祀られている。四天王のうちの多聞天が毘沙門天で、法隆寺などでも多聞天は悪いものがはいってこないよう須弥壇の北東に祀られている。日本国土の丑寅の位置とは、知床半島ではないか。

福島上人は知床にきてくださり、知布泊のどの場所にお堂をつくったらよいかを示してくださった。本尊の毘沙門天は斜里川河口で浚渫《しゅんせつ》工事しているときに出てきたハルニレの材をもらい受け、法昌寺に縁のある仏師金城靖子さんも知床まで足を運んで材料として選定していただいた。伝教大師御作と伝えられる法昌寺の毘沙門天を参考にして金城さんによって彫刻された毘沙門天を、福島住職に魂をいれてもらい、私が抱いて飛行機で運んできた。

お堂のほうは、みんなで板を切り、丸太を運んで建てた。細部は大工さんに仕上げてもらったが、まったくの手造りである。私も金槌を持って屋根に上がった。神社でもあるからどうしても鳥居が欲しいということで、佐野博さんの父上の佐野鉄工所の幾之介さんより寄進していただいた。

毘沙門堂、通称知床毘沙門堂のお堂開きは、福島泰樹さんを導師とし、1995（平成7年）7月3日午前11時におこなわれた。法隆寺管長であった高田良信長老も参集してくださり、その御縁があってその後知床聖徳太子殿が建立された。杉のログハウスで、私も丸太を担いで組立てた。その後また法隆寺大野玄妙管長との御縁をいただき、多くの人の力が結集されるに至り、知床観音堂が落慶した。

今は知床三堂と呼ばれる毘沙門堂と聖徳太子殿と観音堂とは、あれよあれよという間に流れるようにして出来ていったのである。不思議なことだと思うしかない。あるとき、私は気づいた。

法隆寺では「上宮化身観音菩薩」、つまり聖徳太子は観音菩薩の化身だとの信仰がある。また法華経のうちの、観音経として愛誦される「観世音菩薩普門品第二十五」には、こう書かれている。

「応《まさ》に毘沙門の身を以て度《すく》うことを得べき者には、即《すなわ》ち毘沙門の身を表して、為めに法を説くなり」。

観音菩薩は、毘沙門天を信仰する者には、毘沙門天の姿をして救うということだ。三堂ができたのだが、究極のところ、私たちは自然の流れのうちに観音様を祀っていたことになる。

知床三堂はどうしなくてはならないという決まりはまったくない。その人それぞれの、あくまでもスローな信仰でよいと私は思っている。夏のよき日に、よき仲間が知床に集まれるのが幸せなのである。

平成21年6月28日（日）　知床毘沙門堂法要

こうして本書はいろいろな人の助けを借りてできあがった。しかし慣れないことなので、文章の拙さについてはお許しいただきたい。

佐野　博

神々の棲む知床と共に生きる　目次

第1章

知床に生まれ育まれる

知床のシンボルはなんといっても斜里岳だ。この山は富士山にちょっと化粧をしたような、姿かたちが素晴らしい。その隣にある海別岳は女性が着物の裾を広げておとなしく座っているような感じの山容をしている。ほかにも遠音別、羅臼、三峰、サシルイ、オッカバケ、硫黄、知床岳など、知床連山は海岸と丘が半分ずつきれいに見えるのが特長で、どれも素晴らしい。特に、冬の季節が過ぎて暖かくなると、青空にくっきりと彫刻されたような白い残雪を抱きながらそびえている知床連山の姿は優雅で神々しい感じすらある。

知床がとりわけ素晴らしいのは、春夏秋冬がはっきりしていることだろう。冬はなんといっても流氷だ。昔は厄介ものだった。流氷のために漁に出られないからだ。しかし、いまはその厄介者が観光につながって、特に東南アジアや、中国や韓国、台湾の人が流氷を見にやって来る。自然の恵みの面からいえば、流氷はプランクトンも同時に連れてくるので、それによって海に恵みをもたらすことになる。

流氷と共にやってくるのはそれだけではない。トドやアザラシ、トッカリ、オジロワシ、オオワシも一緒にやってくる。羽を広げると2m近くになるオオワシが真っ青な冬の空と白く凍っている海のあいだを悠々と飛んでいる姿は雄大でしかも美しい。夏が近くなると、番屋のそばにはクマの親子が遊びに来る。キタキツネやエゾシカも恐る恐る顔を出す。知床はなんといっても自然そのものが美しいことにつきる。これらも知床の大事な観光資源である。

私は自分ではそれほど意識したことはないが、知床にこだわってはいるようだ。その理由については私自身あまり考えたことがないのでわからないが、きっと子どものときから始まって70歳に近くなったいままでの思い出が知床を中心に回っているからだろう。私自身は知床から外に出て暮らしたことはあまりないので、「知床ほど素晴らしいところはない」などと言っていいのかとも思っているが、それでも〝知床〟なのである。

誰だって、ふるさと贔屓になるのは仕方がない面もあるだろうが、私の場合は、知床に生まれただけではなく、知床が私自身を育ててくれたという思いが強い。それは、知床の自然であったり、親きょうだいや親せき、家族であったり、あるいは出会った友人たち仲間たちであったり、すべての知床を介したきっかけは、間違いなく私を育て上げてくれた。

そんな知床に対して、私もそろそろ恩返しをしなければいけないし、さらに言えば、知床三堂の例祭や自然など、知床のさまざまなことを後世に伝えていかなければいけないと思っている。

この第1章では、腕白で手に負えなかったと言われていた私の子ども時代の頃のことから、社会に出て様々な活動をしたこと、そして、私の心の転機をつくってくれた立松和平くんと出会い、そこから知床毘沙門堂をつくるにいたるまでの話をまとめてみた。

1　故郷・斜里での子どもの頃

親父とお袋の鉄工所

親父は北見の開拓屯田兵であったが、馬車づくりや農機具をつくる職人として斜里町農協の鉄工所職員としてヘッドハンティングされて斜里に来て、昭和20年頃にお袋と結婚した。お袋は斜里来運の大槻家から嫁に来た。その頃はまだ戦後で、食べるものもあまりなかった。親父は麦が食べられないので農家をやっていた北見のおじさんに米を毎月のように送ってもらい、私たちは子どものときから、麦を食べずに白い米ばかり食べていた。来運のおじさんはイモ、カボチャ、野菜をたくさん届けてくれたので、貧しい時代ではあったが食べ物には不自由しなかった気がする。

農地改革になって、農協には鉄工所、馬車工場は必要ないということになり、親父は独立したようだ。独立したときは小さな掘建小屋みたいなところで、鉄工所を運営し、馬車や農機具をつくっていた。

親父がよく言っていたのは、「俺は頭が悪い。でも、人の3倍働けば人の倍は財産が残るだろう」と、夜が明ければ起きて仕事をした。夏は朝の3時、4時、子どもが寝ているときからトッテンカン、トッテンカンと鍛冶屋の音がしていた。

お袋も親父も、朝飯前にはすでに一仕事終えていた。お袋はお袋で、30kg、40kgもあるハンマーを振って親父の相手をした。親父が鉄を温めて金敷の上に上げ、「ここを叩け」と言うと小さいハンマーでトントントンタントントン、二人三脚で釜や農機具などをつくった。

いまは何でも自動的に機械でつくるけれども、当時は全て手作業で鉄を叩き、半分に割り、そこに砂鉄を入れて鋼を入れる。それを焼いて、また叩いて、叩いて、叩く。そうしてつくった鍬や鉈はものすごく長持ちするし、よく切れる。

私が子どものとき、馬車の車輪は鉄でできていたが、その後、親父は大阪万博のおりにゴムのタイヤを見つけて早速買ってきて、保道車という空気入りの馬車をつくった。それは爆発的に売れた。

冬は冬で馬橇をつくった。農家の人も食べられなかったので、畑をよくするために客土、泥炭地に砂を入れる。そうすることで土壌改良ができる。馬橇で浜へ行き、スコップで砂を積んで自分の畑に入れるのだが、そのバチバチ橇というものをつくったり、とにかく人の3倍、働いた。

われわれ家族が今日あるのも、親父とお袋が人の3倍働いて、人の倍の資産、財産を残してくれたからだ。お袋は、炊事洗濯はもちろん、鉄工所の仕事がないときは農家の草刈りに行った。ツルハシを持って土方もした。仕事の帰りは実家の農家へ寄って野菜をもらい、夜にそれを煮たり焼いたりして食べた。

新しい保道車ができると注文した農家が取りに来る。裸の馬につけて帰るのだが、昔の払いはだいたい盆暮れだった。しかし、盆暮れになっても金を回せないときがあり、「今年は不作だから」と金をもらえない。

「いやあ、佐野さん、今年は金がねえだ」と農家のおじさんや母さんが親父に謝っている。仕方がないので倉庫へ行って、ジャガイモのでんぷんや豆を、お金の代わりにもらってくるのだ。それを今度は雑穀屋へ売り、現金に換えて、農機具や馬車や保道車の代金にする。昔は、そういうことが往々にしてあった。持ちつ持たれつだろうか。

親父の時代は電気溶接やガスがない時代なので、鉄でも何でもすべて自分の手で叩いて、曲げてつくる。私も子どものときは、アルバイトで大きいアコーディオンのようなふいごを吹いた。吹き過ぎると、鉄を溶かしてしまって怒られる。ほどよい風を吹くのだが、これが難しい。1日か半日手伝うと、当時で20円もらった。10円でアイスキャンデーが一つ買えるので、近くのキャンデー屋さんで買って食べた。いまではそれほどおいしくもないのだろうが、当時はとてもおいしかった。

親父は若いときから仕事を休むのは盆暮れだけで、消防にいたので、斜里郡3町の消防演習以外は仕事を休まなかった。土日もない。働きに働いて財をなしてくれた。自他ともに、われわれ子どもも認めることだし、町の人も「お前の親父はよく働いた」とよく聞かされる。「そこへもってきて息子はな〜」とよく言われたものだ。

お袋は昔から歌が好きで、民謡をよく歌っていた。親父がお客さんを家に連れてきたとき、「いやあ、今日はいい民謡が聞こえる。ＮＨＫでやっているのか」と言われたぐらい、お袋は歌がうまかった。お袋も一度はＮＨＫののど自慢に出たかったのではないかと、昔からそんな話をしていた。

親父が一番安心して休めたのは盆暮れ、祭り、それから私たち子どもの運動会だ。運動会は本当に楽しみにしていたが、仕事が休めるからではない。きょうだい4人が一生懸命走っている姿を優しい顔で見ていた。親父も軍隊にいたときは酒を飲んだけれども、そのあとは一滴も飲まなかった。頑固な親父で、とにかく曲がったことが嫌い。人にだまされるのもいやだし、だますのもいやという、昔の生粋の道産子だろうか。

車が大好きだった

私は子どもの頃から機械いじりが大好きだった。その頃親父とお袋は職人を2人ぐらい使って鉄工所を経営していて、私は家から歩いて10分ほどのところにある大谷幼稚園に通っていた。当時はお袋が工場へ手伝いに出る前にお弁当をつくってくれ、朝の8時頃に姉と2人で家を出て幼稚園に通うのだが、実は私は幼稚園には行かずに、うちの鉄工所の裏にある農業協同組合のトラクターの倉庫に行っていたのだ。

いまでこそほとんどの農家はトラクターを持っているが、当時は馬を使っているところが多く、トラクターはまだ珍しかった。私はトラクターを見るのが大好きで、身じろぎもせずトラクターを整備しているところを見ていた。するとあるとき、おじさんが「おう坊主、そこにいるならモンキーを取ってくれ」と言うのだ。最初はモンキーと言われても何のことかさっぱりわからなかったが、そのうちに徐々に器具を覚えていった。子どもは記憶力がいいので、すぐに整備工場の仕組みや機械も覚えていき、「坊主、すごいな」と褒められるとうれしいので、それからは何も言われなくても必要な器具を渡すことができるぐらいになった。そのうちにトラクターのこともそれとなくわかるようになっていき、まさに門前の小僧だった。

ところがあるとき、なぜ幼稚園に行って油臭くなって帰ってくるのかわからないということで、ある日お袋は私が幼稚園へ行くのを尾行したのだった。園舎に入ると、姉はさっさと上履きに履き替えるが、私は下駄箱へ行ってもそのままUターンして整備工場に行き、しかも、昼は工場のおじさんたちと一緒にストーブで温まりながら、お袋がつくった弁当を食べていたのだ。

そうしたことがすっかりばれてしまい、家ではひどく叱られた。それでも、時々は整備工場に行くことを許してくれた。いまそんな子どもがいれば、すぐに通報されてしまうだろう。当時は本当にのんびりしていた。

こんな逸話も記憶にある。その頃、親父は斜里農業協同組合の馬車鉄鋼部門にいたのだが、初代組合長の佐藤さんがうちの工場に来たとき、「おっ、佐野の息子か。お前、トラクターが運転できるのか?」と言われたので、「できる」と言って運転したことがあった。まだ4歳そこそこだったので周囲の大人もびっくりし、「お～い、止められるのか」と、みんながあわてて追いかけてきた。もちろん、止め方も知っていたので何の問題もなかった。親父は車が好きで、斜里町にまだ車がないとき、うちにはすでにウィリスのジープがあった。開発や土建の仕事の調査のとき、親父は頼まれてよく運転していた。そんな環境で育ち、自分も車が好きになったのだろう。

買ってもらった自転車を解体

機械も好きだったが乗り物も大好きだった。当時は16インチの子ども向けの小さな自転車は斜里にも網走にも売っていなかった。あるとき親父がトラックで北見に1年分の鉄を仕入れに行った。そのとき、そこの大きなおもちゃ屋で売っていた16インチの自転車を買ってきてくれたのだ。

その自転車は当時で数万円したというから、とても貴重で高価なものだった。うれしくて、一日中、補助輪付きの自転車を乗り回していた。ところがそれにも飽きてしまい、いつしか自転車の仕組みに興味をもってしまったのだ。買ってもらったばかりの自転車はすぐさま各種部品に逆戻りというわけだ。ところが、いざ組み立てとなると、さすがに難しく、結局はバラバラのまま放置する羽目になってしまった。親父がなんとか組み立て直し、「補助輪が外れるまで練習だけしろ」と叱られた。その後は、姉に自転車の後ろを持ってもらって一生懸命練習した記憶がある。

当時、親父は自動車を持っていて、自動車学校の教師をしていたこともあった。親父の代わりに、私は小学校4年生頃から人に車の運転を教えていたこともある。その成果といっていいかどうかわからないが、こんなこともあった。

中学生になり、私は斜里中学校に通うことになったのだが、当時学校には昔のトヨペットのトラックがあり、それでグラウンドの草や木、ゴミを集めた。本来なら先生がトラックを運転して集めるのだが、「佐野、お前は俺より車を運転するのがうまいから運転しろ」と言われ、得意になって運転した。

みんなが集めた木やゴミをトラックに積んでくれる。荷台がいっぱいになると助手席に一人乗せて構内のゴミ捨て場へ行くのだ。ゴミ捨て場は校内にあって一般道路へは出ないので、昔は大目に見てくれた。

中学生の頃は、よく農家へ芋拾いのアルバイトに行った。昼には普段は食べられない、うどんやそばを必ず食べさせてくれる。おやつにはきびだんごももらい、バイト代は1日300円だった。

一番楽しかったのは遠足だ。遠足では、バナナや桃など、普段は食べられないいろいろな果物を親が買ってくれる。もちろん、キャラメルもあった。遠足で並んで歩いていると、後ろからリュックサックを押されることがある。「後ろから押すな。バナナがつぶれるだろう」とケンカしたこともあった。おにぎり飯とゆで玉子、貧しいけれども楽しい遠足だった。

勉強はというと、国語と数学はだめで、新しく教科になった英語もだめだった。でも、科学で、車やエンジンのことになると得意気に先生に話したものだ。それが高じて、自分自身も車に興味があったので、高校を卒業するとトヨペットに入社し、トヨタの学校へ行かせてもらった。

車を自由に運転したのは中学生のときだ。当時うちの親父は自動車学校で教えていた。しかし、先生が少ないために私も助手に駆り出されることになった。こうして、中学生の子どもが大の大人を生徒として運転を教えていたのだ。いまでは信じられないかもしれないが、当時は万事そういう感じだった。

いたずらばかりしていた

小学校に上がったときの一番の思い出は、入学式に行けなかったことである。風邪を引いて熱を出し、確か4~5日あとから小学校へ行った記憶がある。そのとき佐野博の「博」が少し難しい字だったので、先生は「伝」と書き、私のことを「さのでん」と呼んだ。それで、いまだに私のあだ名は「でんちゃん」である。

私は勉強が嫌いで、いたずらばかりしていた。先生はいつも筆と赤インクを持っていて、悪いことをすると顔にメガネやヒゲ、ほっぺたにはばってんを描かれて、「後ろに立っていなさい」と言われ、よく立たされたものだ。そのときは何も感じなかったが、大人なってから小学校時代にしたことを振り返ると恥ずかしい思いでいっぱいだ。

私は、いわゆる団塊の世代に属するので生徒はたくさんいた。確か4クラスぐらいで1クラス40〜50人はいただろうか。そうした中で、いまでも思い出すと顔が赤くなるほど恥ずかしいことがある。朝礼のとき、「起立、礼、着席」の挨拶で起立しているときに、前の女の子のイスの上に画鋲を置いたのだ。その後のことはご想像のとおりである。またある時私は学校に来る途中でカエルを2匹つかまえ、缶に入れて学校に持って来ていたのだが、先生をおどかしてやろうと思って、オルガンの蓋を開けて鍵盤の上にカエルを入れて蓋を閉めておいた。音楽の先生がオルガンの蓋を開けるとそこから2匹のカエルが飛び出した。「ぎゃー！」と、先生は教室が割れんばかりの声で叫び、しかも椅子から転げ落ちた。「だれだ！」。私は内心、たいへんなことになったと思いながらも、「はい」と素直に応え、「なんでこんなことをするのか！　後ろへ行って立ってなさい！」と、一番後ろに立たされた。

5年生になるとクラブ活動ができるようになる。私はものをつくったりばらしたりするのが好きだったので木工部に入った。そのとき教わった先生が、汲田先生だ。この先生はとても器用で、木工についてとても熱心に教えてくれた。その時に教えられたのはカンナやノコギリやノミの使い方、道具の見分け方、道具の保管の仕方など、そのほかにもいろいろなことを教わった。いまの私の技術力は汲田先生に教わったことが基礎となっている。

そんな技術が役立ったことがある。当時の小学校は半紙版のガラスで、教室や廊下のガラスは1週間に何枚も割れる。用務員さんだけでは手が回らず、われわれ木工部も手伝うことになった。

何回かガラスを取り替えているうちに要領を得て、台風が来たときには体育館や廊下のガラスがずいぶん割れるが、「佐野くんも手伝ってくれ」と言われて、放課後ずいぶん手伝ったものだ。

それからは、学校の戸やガラスが壊れると、「このぐらいならお前、直せるだろう」と言われ、授業時間でも修理していた。私は勉強しているよりそちらのほうが好きで、ある意味ではずいぶん得をした気になっていた。でも、人生を振り返ってみると、それは得でなくてサボっていたにすぎない。私は本当に勉強をしなくて、世の中に出てから苦労した。

その頃の遊びと言えば、川にオショロコマ、ヤマベを釣りに行ったり、秋にはコクワやブドウを採り、自転車に野菜をたくさん積んで帰ってきた記憶もある。当時の遊びで一番楽しかったのはスズメ獲りだった。かすみ網やとりもちを、スズメがよく来るところに仕掛けて獲る。1日に5羽、6羽と獲れると焼き鳥屋へ持って行った。当時、1羽5円で買ってくれた。10羽も獲れば50円になった。それが子どもたちの楽しみでもあった。たまにはヒワやウソも獲れた。そのときは、小鳥屋へ持って行って買ってもらう。当時の1日の小遣いが5円ぐらいだったから、子どもには大金だった。

冬になるとスケートだ。川の水が凍るとそこで雪スケートで遊んだ。雪スケートはいまのようなかっこいいスケートではなく、長靴にバンドで止めるようなスケートだ。農家の人が馬橇でやって来ると、その後ろにつかまってすべっていったものだ。

スキーもよくやった。スキー場と言ってもリフトも何もない。歩いて行って、滑ってくる。清里の山にもよく行った。友人の飯塚くんのお兄さんが当時は清里の営林署で働いていて、そこでは盛んにスキーをやっていたのでよく教わった。

一方で、当時の小学校のトイレは、穴を掘ってまたいで用を足すものだった。ちり紙などはなく、新聞紙をちり紙の大きさに切って置いてあるものでお尻をふいた。

シラミがはやって、学校でＤＤＴを用意して用務員さんがそれを生徒の頭や身体にかけた。白い粉だったので、頭も顔も真っ白になった。虫下しも飲まされた。大きな鍋でワカメのようなものを溶かし、コップに半分もらって飲んだ。とても苦かった記憶がある。

力道山先生

５年生と６年生は、「力道山先生」というあだ名の安村先生だった。がっしりした体格で、その先生は悪いことをするといきなり拳固が飛んできた。それは頭がきりきりするぐらい痛かった。それ以上悪いことをすると、今度はビンタである。これは、顔から火が出るぐらい痛くて熱かった。まるで昔の軍隊を見ているようだったが、当時はそれが当たり前だった。いまの子どもにそんなことをしたら大変なことになるだろう。

しかし、あまりにも過保護だったり、親やＰＴＡの意見が強いというのもどうだろうか。先生はますます弱くなっているから、生徒も親も勘違いするところがあるような気もする。そのことが学校運営を難しくしているのではないだろうか。後で紹介するが、私がつくった知床自然学校では暴力をふるうことは決してなかったが、先生も生徒も共に団結していろいろなことをうまくこなしていった。古きよき時代とは言いたくないが、いまでもやり方次第のような気がしないでもない。

力道山先生には、「佐野、中学へ行くと苦労するぞ。ちゃんと勉強しておいたがほうがいい」と何度も言われ、学校の下にある長屋で暮らしていた先生の家に、授業が終わると連れて行かれ、自習させられた。字の書き方、たし算、引き算、ローマ字など、ずいぶん教わったものだ。怖い先生だったので断れず、最初は仕方なしに勉強していたが、そのうち、先生が優しいことに気づき、勉強が大切だということもわかってきた。

安村力道山先生とは、私の商売が軌道に乗ったときに再会した。最終的には北見近くの校長先生をやって退職しておられた。いまはやりのパークゴルフの北見地区の会長もやっていたみたいだ。その後、小学校の同期会をやることになり、先生にも来ていただいたとき、「佐野、お前は北見と網走でホンダの会社をやっているんだってな。今度、車検を頼むぞ」とのことだった。「子どものときにお世話になったから、こういうことで恩返しします」と言うと、「お前は何かそういうことをやる人間だと思った」と話してくれた。その意味を当時はあまりよくわからなかったが、人のために何かをすることの大切さのことなのだと理解している。先生には何度か会ったが、心筋梗塞のため70歳そこそこで亡くなった。

弁当を温める棚をつくる

昔は学校給食もなく、みんな弁当だった。みんなアルミの弁当箱で、女の子は毛糸で編んだセーターみたいなものをかぶせていた。裕福な家の子はおかずがたくさんあったが、多くの子は貧しいので俗に言う、日の丸弁当である。白いご飯の真ん中に梅干し1個、漬物が2枚。たまに卵焼きが入っていれば最高だった。うちではときどき魚の切り身が半分入っていた。姉と半分に分けて弁当に入れてもらっていたのだ。

お弁当を食べる時間になると、冬は特に冷たくなっていた。そこで、だるまストーブの前に棚をつくって授業が始まる前に弁当を置けるようにすれば、昼は温かい弁当が食べられると考えた。そこで力道山先生に提案すると、「そうか、お前、工作が得意だからつくれ」と言われた。とてもうれしかった。

用務員さんから板をもらったり、うちからも持っていき、みんなの弁当が並べられるように2段の棚をつくった。できあがって、みんなが弁当を置き、温かい弁当を食べることができるようになった。佐野くんがこういうことをしてくれたおかげだと、みんな喜んでくれた。勉強では一度も褒められたことはなかったが、こうしたことでやっと人に褒められることをしたという満足感があった。このときの気持ちはいまでも大切にしているが、私にとって人に喜んでもらえることをすることの大切さを学んだ原点だと、いまでも思っている。

ところが、この棚にも一つだけ欠点があった。当時の漬物は自家製のたくわんでぬか漬けだったので、弁当を温めると、中に入っているたくわんが教室中にプーンと匂った。みんなで、「また漬物のにおいがしてきたな」と言ったものだ。

その後もいろいろなアイデアを出した。教壇を直したり、壊れかけた黒板を直したり、廊下の床板のはがれたのも修理した。

大槻のおじさん

私のお袋の実家は斜里町来運という、斜里岳の麓にある。大槻のおじさんと私が呼ぶ大槻繁さんが分家をしたのは、昭和36年頃だったと思う。私はおじさんの家でつくるうどんが好きで、よくおじさんの家に食べに行ったものだ。おじさんたちの家にはうどんを食べる丼がなかった。茶碗でうどんを食べていたのだ。そこで私は、小遣いでうどんやそばの丼を5個買った。当時、私は14歳だったが原付50ccのバイクの免許を取っていた。割れないようにたくさんの新聞紙で丼をくるみ、バイクの後ろにゴム紐で縛りつけて、来運の山まで持って行ったことがある。おばさんは早速、その丼でうどんを食べようと言って、手打ちうどんをつくってくれ、3人でうどんを食べた。

おじさんは時代の流れで離農し、斜里に出てくることになった。就職口がなかったので親父の鉄工所で働くことになった。25年ほどうちの鉄工所で修業し、その後、斜里町の町はずれで大槻鉄工所をつくって独立した。

昔、斜里町には鉄工所がたくさんあったが、いまは2~3軒しかない。これも時代の流れだと思う。私の家の鉄工所は3代目、大槻家も1代目から2代目に変わり、お互いに協力し合い、仕事があるとき、手の足りないときは手間替えなどをしている。

おじさんは馬が好きで、昔はよく斜里の前浜のばん馬大会に参加していた。優勝したこともあった。ばん馬大会のときは、われわれ家族で応援に行ったものだ。ばん馬大会で優勝するとわれわれは鼻が高く、おじさんの馬に乗せてもらって優勝旗を掲げ、来運まで帰った記憶がある。

そういうおじさんも、3年前、脳梗塞に襲われた。いまは元気になったが、家族で手厚い看護をしている。おじさんの孫は、いま3代目として頑張っている。自分の息子と孫が一生懸命仕事をしている姿を見ながら、おじさんも少しは安心していると思う。これからは病気に気をつけて、自分の息子と孫の鉄工所を見守ってほしい。

本家の長男のおじさんは、大槻正明という。私の家も、このおじさんにはずいぶん面倒を見てもらった。お袋のきょうだいは多かったが、そのすべての面倒を、このおじさんが一人で見ていた気がする。よく考えてみれば、私の結婚式のときも、結納を始め、式のことをよくやっていただいた。

来運には、子どものときよく遊びに行ったものだ。「今日は博が遊びに来たから」と言って、普段は米半分、麦半分のご飯なのに、米100%の白いご飯を炊いてご馳走してくれた。おかずも普通はあまりないのだが、魚や肉を保存庫から出してきてご馳走してくれた。そういう思い出がある。自分だけ特別扱いされていた気がする。

そういう大槻家とのかかわりだが、これからは私たちいとこも仲良く、いろいろなかたちで交流していかなければならないと思う。そのためにはまず一番に元気であること、みんなが笑顔で付き合えることだと思う。

2　株式会社佐野自動車

家族で初めての旅行

昭和45年、大阪で万国博覧会が行われた。同じ年に、私はトヨペットを退社した。そんなこともあって、私と親父とお袋と、初めて3人で旅行に行った。メインは万博だが、九州、四国、大阪、東京と、12日間にわたっての親子旅行だ。

大阪へは、電車を乗り継いで行った。まず、斜里から朝一番の電車に乗って網走へ出て、網走から急行に乗って札幌へ。札幌から今度は函館行の急行に乗り、さらに青函連絡船に乗った。当時は、十和田丸だった記憶がある。4時間半の船旅の後、青森に着き、そこで弁当を買い、青森から上野行の列車に乗った。東京からは新幹線で大阪に向かった。

大阪では父の会社の問屋さんでもある、同じ苗字の佐野車両株式会社の社長宅を訪ねた。工場の2階にあるお客さん専用の部屋に宿泊させていただき、万博を3日間、見学した。最後の夜は、有名な大阪の食い倒れで、フグのてっさとてっちりをご馳走になり、その後、奈良の知り合いの家まで送っていただいた。

奈良の知り合いの家で1泊させてもらい、次の日はまた佐野車両の社長が迎えに来てくれて、大阪港、いまの南港へ送っていただいた。母の姉が高松にいるので、50年ぶりの再会を目指して南港から高松行の船に乗った。朝方早く高松港に着き、板野町というところでお袋と叔母は50年ぶりに再会した。話をしながらおいおい泣いていたことが記憶にある。

次の日は阿波のうず潮を見たり、夜は花火大会を見学。翌日、高松港から船で九州へ向かった。フェリーで瀬戸内海を旅しながら、九州の別府に朝方着いた。北九州横断観光のバスに乗り、熊本、天草、長崎へ向かう。天草五橋や熊本城を見学して、夕方遅くに長崎のホテルに着いた。食事後は、長崎の夜景を見に出かけた。次の日は長崎市内の観光で、平和の塔や長崎市内の港を見学した。その後、大阪にもどって新幹線に乗り、東京に出た。

東京ではお袋のきょうだいである奈良さん家族4人と東京駅で合流。お袋のいとこにあたる、田端さんの家へ向かう。お袋も親父も初めて山手線に乗って田端駅で降り、田端さんの家へ行った。おばさんは亡くなられていたが、おじさんと娘、息子が応対してくれた。おじさんは、お袋のことを「みっちゃん、よく来てくれた」と言って歓待してくれた。

次の日は奈良守季さんが車で親父とお袋に東京案内をしてくれた。蔵前国技館にも、浅草にも行ったようだ。私とおじさんの息子は、不忍池にあるボウリング場で遊んで帰ってきた。夕方、親父もお袋もいとこも帰ってきて、近くの食堂でみんなでご飯を食べた。

翌日私は自動車屋の見学に行った。この旅行を機に、私は知床の鉄工所の鋼材倉庫を改造し、佐野ボディという会社を始めることを親父に認めてもらった。その後、会社は佐野自動車、ホンダへ進んだのである。

平成9年5月、親父が勲五等瑞宝章を受けたことで、親子3人で東京へ出かけた。そのときは、いとこの平田陽子ちゃんきょうだいが3人で来て、親父を祝福してくれた。その日はホテルを取ってあったのだが「キャンセルしなさい」と陽子ちゃんに言われ、結局は陽子ちゃんの家へ泊まらせてもらった。次の日は東京を見学しながら羽田まで送ってもらった。これが、親父とお袋との2回目の旅だった。

晩年の親父と今でも元気なお袋

お袋はいま94歳だが、元気がいい。せめて母親だけは長生きしてもらいたい。盆暮れに小遣いをやれば喜んでくれるし、お袋にとってのひ孫が「ばあちゃん」と遊びに来るのが一番の楽しみだ。お袋はいまでも元気で、自分のことはすべて自分でやっている。

親父は仕事の合間によく妹と2人で山へ山菜採りに出かけていた。春一番はヤチブキである。ヤチブキを採ってくると、おひたしにしてくれた。ウドは、酢味噌あえをよく食べた。その味はいまでも忘れられない。その酸っぱさが懐かしさを呼び起こしてくれる。

親父と妹は、特に仲がよかった気がする。妹は学校を卒業すると同時に網走の看護学校へ進み、網走の病院へ就職した。縁があって斜里国保病院に再就職し、退職後は親父、お袋、妹の3人で家を建て、そこで仲良く暮らしていた。しかし妹は病気になり、親父が亡くなる1年前に先に逝ってしまった。

そんなことで、親父とお袋は2人で住んでいた。親父の唯一の楽しみは、峰浜の休養村の温泉へ行くことだった。毎日のように、昼一番に軽トラックに乗って温泉へ行った。あるとき、居眠り運転の車が親父の軽四輪と正面衝突し、親父は大ケガをして1年以上入退院を繰り返した。そのときの薬の副作用もあり肝臓を傷め、そのうち透析も始まり86歳で他界した。

いま、お袋は一人暮らしだ。朝一番に妹が好きだったコーヒーと、親父にはお茶をあげ、それから家の掃除、食事の用意から1日が始まる。食べるものは、ほとんど自分でつくる。

町内にはもう一人妹がいて、私や女房が行けないときは妹が行って、御用聞きのように買い物を手伝ってくれている。お袋の6人の孫たちは、よく家へ遊びに行く。孫と遊ぶのが楽しみである。

株式会社佐野自動車設立

私は高校を卒業してから地元のトヨペットに入社した。トヨペットでは1年間名古屋に研修に行き、北海道北見のトヨペットに配属された。そこから斜里の営業所へ戻り、さらに名古屋の本社へ行った。私としては、10年たった段階で自分で商売をしようと思っていた。ところが、入社して8年6カ月ぐらいで交通事故にあった。26歳のときだ。車に追突されてムチ打ちになり、結局はトヨペットを辞めることになった。

昭和45年、大阪で万国博覧会があったときに知床に帰ってきた。結局、斜里から離れて住んだのは10年ほどで、ほかに住んだところは北見と名古屋ということになる。

当時、親父は斜里で鉄工所をやっていた。私としては自動車の仕事をしたくて、親父の会社の資材置き場を改造して板金塗装から始めることにした。前身の会社の名前が佐野ボディとなっているのはそうした経緯だ。その後、漁師たちとの付き合いでクレーンを扱うようになって、株式会社佐野自動車にした。それから、ホンダプリモを販売する斜里店をオープンし、さらに網走の販売店を引き受けることになった。網走営業所が軌道に乗ったところ、今度は北見のプリモ販売も引き受けることになった。これも地元のためと考えて取り組むことにした。その後、なんとか事業も軌道に乗ったが、今日の佐野自動車があるのは実に多くの自動車関係の方々のお世話によるものだ。

トヨペット時代のよき指導者 村山勝利さん

私が高校を卒業し、トヨペットに入ったときの一番の指導者が村山勝利さんである。その頃は、網走の工場長だった。私が先輩の社員にいじめられたときも、よくかばってもらった。会社には工場長がほかにもたくさんいたが、時間をかけて車の知識だけでなく、いろいろなことを教えてくれたのは村山さんだった。お客さんの車を修理し終えると、「時間があったら車を洗っておいてくれ」と言われた。お客さんは何百万もする車を購入したのだから、修理だけではなく、内外を清掃することでお客さんとの絆ができることを教わった。そういうことは、いまの私の商売にも生かされている。

会社を経営する上で、村山さんが指導してくれたことはとても重要だった。素晴らしい指導者である。いま村山さんは、滝上でトヨペットサービスセンターを経営する社長である。ダイハツ販売店も経営している。

そんな村山さんが滝上町の町長選に出ると聞いた。一番先に行かなければいけないと思ったが、たまたま会議と出張で行けず、酒を届けた。出張から帰ってくると、村山さんから「どうもありがとう」という電話がかかってきた。リーダーシップを生かして滝上町長に立候補してほしいという仲間の推薦があったことによるものだった。いまは私ども自動車業界のリーダーでもあり、よき指導者でもある。

ホンダでの師匠と言える松本栄一さん

松本栄一さんは私のホンダでの師匠といっていい人だ。松本さんとの出会いは、昭和61年、斜里郡3町にホンダのディーラーがないということでプリモ網走に参加したことが縁だった。

松本さんに、知床は素晴らしいからぜひ一度来てくれるようにお願いしたところ、快く受けていただいた。その後、ホンダの当時の部長や北海道の歴代の総責任者を連れて、夏は渓流釣り、冬は鹿撃ちに来ていただいた。渓流釣りでは夜中の2時頃ホテルを出て川へ着き、日が出る頃から釣り始める。この辺のオショロコマは入れ食いで釣れ、箱いっぱい釣ると、それをさばくのは結構たいへんだ。みなさん、番屋へ帰って料理したり、持ち帰ったりする。

冬の鹿撃ちでは、最初、松本さんは銃を撃てるのかなと心配したものだが、どっこいすごい腕前の持ち主だった。最高で、14頭の鹿を仕留めたことがあった。そんな松本さんはいつも私に「おい、兄弟、兄弟」と言ってくれるが、とんでもないことで、れっきとした私の師匠であり、ホンダにいろいろな貢献をしてくれた人である。

そのホンダでの話をしよう。全国ホンダ販売店役員の規則書をつくったのが松本さんだ。私も松本さんのおかげで、全国のホンダの総務委員として、3期、6年間、全国に出向した。私は地元の軽自動車協会の会長もしたが、協会の全国会議に行くと、松本さんの名前が出てこないときはなかった。それぐらい、松本さんは伝説の人といえる。

軽自動車協会がまだ発足していない時から、松本さんはいまのスズキの会長兼社長の鈴木修さんと共に、軽自動車のレギュレーション、いわゆる規則書をつくった。それぐらい広い視野で軽自動車の未来を考えていたのだ。現在、軽自動車が隆盛を極めているが、それも松本さんの働きがベースにあったからだと言っていい。こんな素晴らしい人を師匠、いや親分に持てて幸せだと思う。これからも、いろいろなかたちで松本さんから得ることがあるはずだ。

いまは北海道商工会議所の参謀にもなられているが、函館商工会議所の会頭になられた時点で鹿撃ちはやめられたと聞く。「万が一、事故があったら困るから」ということである。

ところで、平成26年12月17日、北洋の横内会長から声がかかり、私と松本さんと3人、札幌で会食する機会があった。その場で松本さんは、函館まで来る新幹線のことを横内さんに一生懸命説明していたのだが、その頃北海道中で話題になったのが新駅名である。松本さんが高橋はるみ知事やJRと話をして、どちらにも偏らない「新函館北斗駅」という名前を提案して決まったとのことだ。北海道の経済人のトップの一人である松本さんには、これからも、知床、北海道、函館を愛してほしい。

ダンロップ郷友会 治田徹也さんとのお付き合い

治田徹也さんは北海道のちょうど中央、空知の砂川というところで、ダンロップタイヤなどを扱うタイヤ事業を手広くやっている。治田さんとは、全道のダンロップ郷友会での付き合いだ。35年前、北海道でダンロップ郷友会を立ち上げる集まりがあり、治田さんは会長、私は副会長で、2人で役員を10年もやった仲間だ。

治田さんはいつもやさしく、ダンロップ郷友会ではいろいろなかたちでリーダーシップを見せ、会長職をやっていた。その後、私がログハウスを建てたと言ったら家族で知床のログハウスへ泊まりに来てくれて、魚釣りをした。治田さんは「僕も建てるよ」と言って、ログハウスを建てることを決めてくれた。ログハウスのオープンにも来てもらい、治田さんは家族でよく知床に来るようになった。

治田さんは、私の息子や娘の結婚式にも来てくれた。治田さんの娘さんの結婚式には、立松くんと女房と3人でお邪魔した。そういう仲のいい、道内の友だちである。

いまは道央で一番大きいタイヤショップを経営し、国内旅行も10回以上、一緒に郷友会の旅をさせていただいた。うちの女房も、一緒にダンロップ郷友会の旅行に出たものだ。仲のいいご夫婦である。

昨年、治田さんは自分の土地をコメリに貸し、素晴らしい住宅とタイヤショップをつくり、タイヤの倉庫もつくられた。私たち夫婦は早くお祝いに駆けつけなければいけなかったのだが忙しくて、秋口に2人で車で札幌へ行ったときに寄り、お祝いを届けた。素晴らしいショールームと住宅を見て、びっくりした。同じ仲間でもこんなに素晴らしいことをやっているのだと、気が引き締まった。これを見本に、自分ももっともっと頑張らなくてはと思った。

治田さんも70歳を超えた。健康に十分注意して長生きして、これからも知床に家族で何回も来てもらいたい、そういう一人である。

漁業者との付き合いがはじまる

私は定置網業者に大きな重機やクレーンを買ってもらっている。昔の漁業は魚がとれなくなっても5人、6人と人を雇っていた。しかし、大漁のときは給料を払えるが、不漁のときにお金がなくても雇った人には給料を払わなければならない。そこで、それなら漁業を機械化してはどうかという提案をした。

高校のときにアルバイトで土嚢かつぎに行ったことがあり、それは定置網に200kgの砂袋を入れる作業だった。新規の網には1万個以上入れるが、袋がナイロンでできていてすぐに破れるので毎年3000~4000個を補充しなければいけない。実際にはどのような作業をするかというと、船に土嚢を積んで、ロープをつけて投げ、そのロープを網に縛る。以前は土嚢を全部入れるのに1カ月半から2カ月かかったという。その作業は4人で土嚢をかつぎながら桟橋を渡るのだが、あるときその作業を見ていて、それをクレーンでやったらどうかと思いついた。そこで、天秤に10本の大きな魚の釣り針をつけて、土嚢を持ち上げて積んでみた。そうしたところ、「漁師に土方をやれと言うのか」と怒られたが、いまではほとんどの定置網でクレーンを使うようになっている。

機械はメンテナンスさえしっかりすればなかなか壊れない。でも人間は、痛いの、かゆいのと文句を言い、酒を飲めばけんかもする。給料、飯、宿泊も必要となる。その結果、いま東北海道ではうちのクレーンだけで大きいものが120台ぐらい入っている。クレーンなどはほとんど私の会社から入れているので、いまでは知床のほとんどの番屋とお付き合いができている。こうして漁師の人たちとも、深い付き合いができるようになった。困ったときも協力している。

漁師の鏡と呼べる大瀬初三郎さん

大瀬初三郎さんは知床丸の船長だ。彼は23歳のとき、ウトロで漁師をしないかと言われて、青森で漁師をしていたのだが、誘われてやって来た。33歳で、知床丸漁業協同組合の船頭として働くようになった。当時はまだ番屋に行く道はもちろん、斜里とウトロをつなぐ道路もなかった。網走や斜里の港や日の出の港からウトロに通った頃である。大瀬さんと私の付き合いは、ちょうど40年前に大瀬さんのところに機械を売りに行って、買ってもらったのが始まりだ。

大瀬さんたちはだいたい4月の最後の土日に番屋に入る。まず番屋の周りの雪かき、それから発電機を修理し、エンジンをかけ、発電できるように整備をする。何人かの人は山に登って、山の沢水を番屋の飲み水や風呂場の水として使うために持ってくる。ほかにも船を出す人、機械を整備する人、エンジンを整備する人など、冬の間自然で覆われていた知床のルシャ番屋が活気づく時節だ。

大瀬さんはいまでは社長になり、「これとこれとこうするんだ」といろいろと指示を出すと、ほとんどそのとおりみんなが動く。とても統制が取れている。

このあたりはいまでもクマが出る。昔は鉄砲で撃って、処理をしていたらしい。しかし大瀬さんは、それはよくない、なんとかクマと共存できないかと考え、番屋の周辺の整備を始めることにした。

まず、生ごみを外に出さないことだった。そのほかにも、クマと共存できるように自然なかたちで溶け込むように番屋を整備した。地道な活動が10年ぐらい続いて、ようやくクマが番屋のそばに来ても知らんふりで通過していくようになった。大瀬さんたちが外で網仕事をしていて、そこをクマの親子が通りかかっても、人間たちを無視して通過していく。そういうことが日常茶飯事になり、人間にとっては仕事の場所、クマにとっては暮らしの場として自然の中で共存している。

クマは春になると川にサクラマスが上がってくるのでそれを食べる。親グマは小グマに魚の獲り方を一生懸命教えている。その頃大瀬さんたちは、張る網とマスの網をすぐそばで準備している、といった感じだ。日本中どこに行っても、こういう自然の中で、クマと人間が共存できているところは、知床のこのルシャ地区以外にはないのではないかと思う。そうしたことから、大瀬さんは6年前に環境大臣賞をもらった。そのときは、私も先頭にたって祝賀会をした。大瀬さんは無駄なことはいっさい言わない。自分がわからないことには絶対に口を挟んでこない。ただ、ルシャで生きている動物については、「クマはこういうことだ、ああいうことだ」とよく知っている。「学者というのは頭がいいけど、われわれはここでもう40年もクマの生態だとか、そういうのを見てる。だからちょっと違うところがある」と、たまに言うときがある。普通なら「お前、違うぞ」と言うところを、大瀬さんは絶対にそういうことは言わない。「学者は素晴らしいのだろうけど、現場を見ないで書物を書いたり講演をするのはいかがなものか」と、ときどき私に言う。

ここはサケの水揚げでは日本有数だ。もう何十年も日本一を続けているぐらいだ。それは、サケを獲るだけの漁業から育てる漁業に転換しているからだろう。斜里郡三町には、大きな孵化場が5つもある。そこでは、4年に1度帰ってくるサケを待つために、定置網をみんなで立てている。

例祭のあとは、もう20年にわたって大瀬さんの番屋に例祭に参加していただいたお坊さんたちにも来ていただいている。法隆寺の大野玄妙管長が先頭になり、知床の番屋での安全祈願と大漁祈願をお祈りしていただいている。そうしたこともあるのだろう。この番屋では、ここ数十年、

大瀬初三郎さんは漁師の鏡だ。無口だけれど自分の領分はしっかりとこなす

本当に素晴らしいほどの多くの水揚げをしている。

これも人と心の付き合いの中でできることではないかなと思う。これからも知床の番屋、それから動物との共存共用をずっと図っていきながら、知床の自然と、それからサケが回遊してくるのを待ち、そしてそれを獲り、自分たちの生活の糧にしていきたい。これからも大瀬さんたち、番屋の人たちも頑張っていただきたいものだと、いつも考えている。

大瀬さんは陸で網を直しているときはかわいいおじいちゃん、めんこいおじいちゃんだ。それが、いったんゴムの合羽を着て船に乗ると人柄が変わる。一人でもけがや事故を起こさせないためだ。中には運動神経が悪い人も乗っているが、そうすると大声が出るときもある。それでも陸に上がると、「今日はこうだった、ああだった、漁があったな。この漁が何日か続けばいいな」などと、静かに話す。

番屋では自分の趣味のことをしたり、本を読んだりしている。薪を割る人、番屋の周りを片付ける人、機械の手入れをする人、明日、網を起こしに行くために船の点検と燃料を入れる人、仕事はいろいろ分かれている。番屋は夕方の4時が晩御飯、6時か7時には風呂へ入って8時か9時には寝る。そして3時半か4時には起きて、漁に出る。そういう生活が4月末の土日から11月の10～20日前後、7カ月ぐらいつづく。それ以外の時期は、番屋は陸の孤島となる。

大瀬さんはもう78歳だけど、私の親父がいなくなって、親父の代わりのように思っている。いまの時代、自分だけがよければいいという自分の範疇だけで生きている人が多い。人の面倒まで見られないというのが世の中の現状かもしれない。そういった中で、斜里町は田舎なのでまだ人間味があるお付き合いをしているといえそうだ。

3　知床はアウトドア活動の舞台

知布泊村づくりに協力してくれた七條史雄さん

知布泊村をつくるにあたって、七條史雄さんと史《ふみ》さんの土地を借りることになった。その土地は昔は駅逓牧場だったところで、いまの村があるところは馬の放牧場だった。当時はそこから先に道はなかったので、そこから船でウトロに行った。うちの親父が道路づくりのためにジープに乗って測量や調査に行ったのを覚えている。七條史雄さんは釧路で商売をしていた。その頃日の出では一人暮らしの史《ふみ》ばあちゃんがお店を経営していたが、史雄さんは心配で、よく釧路から駆けつけていた。昭和49年か50年頃だと思うが、釧路から通うのがたいへんで、ばあちゃんもいい歳だということで、史雄さんが店をやるために、53年頃日の出に帰ってくることになった。

七條さんはスカイラインのワゴンに乗って弟さんと2人でやって来た。そのとき、私はボディ工場を経営していたのだが、たまたま史雄さんがフロントのスカート部をへこませてしまったので、「これを一日で修理できませんか」と言われた。「修理できたら、赤飯を炊いてご馳走してあげる」という。自分も赤飯が好きなので朝から一生懸命板金をし、パテをつけ、塗装をして仕上げて夕方に届けた。するとすでにばあちゃんの史さんが赤飯をつくっておいてくれた。赤飯で頑張るという、素朴な時代でもあった。

その頃、私はログハウスや村をつくりたいと計画していて、ようやくログハウスを建てることになった。そこで、ぜひ学校跡地を貸してほしいと七條さんに話した。当時、小学校が廃校になり、古びた教員住宅があったが、それを壊してログハウスを建てる計画だった。

ログハウスと言っても、北海道ではまだだれも建てたことはなかった。雑誌や情報誌で、カナダのセント・アルバータのウォルト・マレーという人がビルダーとして素晴らしい技術を持っていると聞き、私の仲間である片山くん、河面くん、久保くんなど5人で、マレーさんに「ご夫婦で知床に来ませんか」と手紙を書いたところ、実際にやって来た。当時、一人8万円ずつ出してログハウススクールをやった。

材料の丸太を買おうと清里のある病院の院長に相談すると、「じゃあ、僕のログハウスを試験的に建てなさい。お金は出します」と言ってくれたので、カナダからダグラスファーという10mの木を100本仕入れた。

ログハウスを建てることを一番理解してくれたのが史雄さんと史さんだった。それが、35年前に建てたログハウス建設の最初だった。追記だが、七條史さんは平成26年3月28日、96歳で他界した。

村づくりを最初に手伝ってくれたのが漁師の佐藤栄治くんと町の職員を退職していた小沢さんだ。この人たちには、ひとかたならぬ協力をしてもらった。

大地を耕したり、木を植えたり、石を取ったりと、整地をするのは佐藤栄治くんだ。漁師の合間、鮭網を立てて網おこしが終わったあと、よく日の出で待ち合わせた。私はブルやユンボを操縦し、そんなかたちでログハウスを1棟建てることになった。ログハウスの丸太を4段ぐらいまで積んだとき、残っていたのは私と片山くんと久保くんの3人だけだった。それから3年たって、やっと屋根をかけることができ、1棟目が完成した。

完成したとき、みんなが「よくやった」、「よくできたね」と集まってきた。人は完成したときは集まってくるが、つくっているときはあまり集まってこない。世の中とはそういうものだなと実感した。

その後、知布泊小学校を解体してそこを整地し、テニスコートをつくったり木を植えた。この工程でもみんなのお世話になった。特に小沢さんは何度となく来て手伝ってくれた。そのほか、斜里町の友人、知人には石運びなどでもとてもお世話になった。

カナダから100本の木を仕入れた

カナダのウォルト・マレーさんを中心に、みんなで初めてのログハウスを建てる（昭和55年頃）

その頃、日の出の港の浚渫工事がちょうど始まっていた。砂を取り上げ、その砂を運搬する。いまの駐車場にはダンプ670台分ぐらいの土を盛り上げ、面積を測り、1年後に埋め立てていいという許可が出た。

七條商店の前側の崖も汚かったが、そこに1000台分のダンプの土を運んでもらった。2人でブルをチャーターし、上の駐車場といまは芝を張っている場所を大型ブルで10日間、整地した。

いまログハウスの周りには、イチイの木が約1000本植わっている。それらの木は、小沢さんが岬に持っていた土地に植わっていたものを、私と佐藤栄治くんとで、1日に4tトラックに2台も3台も掘り起こし、雨の日でも毎日2人で植えたものだ。なぜイチイの木かというと、この木はオンコといい、別名イチイで「一位」と書くが、縁起がいいということで神社仏閣に多く植えられているからだ。

2人で一生懸命に植えたイチイは5年、6年たって素晴らしい木になった。しかし、その頃から自然保護でシカを獲ってはいけないということになったためにシカが増え、イチイの半分はシカの餌になってしまった。葉っぱをかじられ、皮を食べられて、やがては枯れてしまうのだ。がっかりしたが、その後も、雨の日も風の日も木を運んだ。「あの頃はイチイの木をよく2人で運べたな、あの頃は元気がよかったな」と話し合う今日この頃である。

知床自然学校を開校

昭和60年頃、都会では子どもが金属バットで親を襲うという、いわゆる金属バット事件が横行していた。原因としては、子どもが何らかのストレスをためて、親きょうだいを金属バットで殴っていると考えられていた。

子どもたちは、「起きなさい」「ご飯を食べなさい」「学校へ行きなさい」と言われて学校に行く。帰ってきたらすぐに「塾に行きなさい」「勉強しなさい」「早くお風呂に入りなさい」などと言われる。都会の子は田舎と違って、電車を乗り継いで学校に行くなどで、豊かな自然の温もりのないコンクリートジャングルの中にいるようなもので、ストレスがたまって「もう勉強は嫌だ」と言って、親きょうだいに暴力をふるうのだろう。そうした事件が当時は5~6件起きていた。

そこで、当時知床青年会議所に所属していた私は、子どもたちを自然環境の中で伸び伸びさせることで心のケアができるのではないかと考えた。知床自然学校を始めたのはそうしたことがきっかけだった。昭和61年頃だった。これは立松くんと出会う前の話で、それ以来10年ほど運営を続けた。

知床自然学校は8月の第1金曜日から1週間ぐらいで、都会からの子どもたちを年間20人ぐらい受け入れた。初めてのときには、子どものなかに小学校4年で、一番遠い大阪から一人で電車を乗り継いで知床まで来た子もいた。斜里の駅に迎えに出た時の、「ちょっと北海道の知床は遠すぎますね」というその子の大人っぽい言い方をいまでも思い出す。いまでは子どもには当然認められない行動だろうが、当時はまだ自由な雰囲気がわずかに残っていたのだろう。

参加する子どもたちには必ず名刺をつくらせた。大きさは大人の名刺の3倍ぐらいにした。そこに自分の氏名、生年月日、血液型、家族構成、そして裏には自分の趣味を書いてもらった。一人30枚ぐらいの名刺を手書きでつくってきてもらい、まず生徒同士の交換をするので19枚使うことになる。残りは私たち指導する側に7~8枚配った。学校の場所は例祭をやっている日の出知布泊村にある1棟の丸太小屋だった。

一番はじめに、知床知布泊にある周囲が360度見渡せる丘の上へ連れて行った。自然はこれぐらい雄大で、人間はほんの小さな生き物だというのをぜひ最初に体験させたかったからだ。そして、1週間の学校のスケジュールを発表し、つぎに一人ずつ自己紹介をしてもらう。そのときに、手作り名刺を出すのである。

たとえば私だったら、「斜里小学校4年生、佐野博です。家族は姉一人、妹一人、父母と一緒に住んでいます」。そして、裏には自分の趣味。自分は子どものときから車が好きで動くものが好きだったから、そういうことを書いただろう。生徒たちは、そういうかたちで、バスケットボールをしたり野球をやっている子もいれば、バドミントンやバレーボールなど、いろいろな趣味のことを書いてくる。名刺にもそれぞれ個性があり、東京の子はちょっと都会らしい名刺を書いてくるというわけだ。

みんなの自己紹介が終わると、今度はログハウスで夕ご飯をつくる。これは班編成で、ご飯をつくる子、ふとんを敷く子、風呂をわかす子というように、仕事を分担しながらこなす。これは、みんなの共同作業だということを知ってもらうためだ。夕ご飯時には、1週間のスケジュールの確認と、お話しした内容をみんなでよく検討してもらいながら、わからないところは子どもに教える。

初日の夜はがやがやごそごそして落ちつかず、子どもたちはなかなか眠りにつけないようだ。これは毎年同じで、でも、2日目以降は疲れて、夕ご飯を食べて布団に入ると、子どもたちはみんな高いびきで寝ている。

2日目は山に行く。知床に生えているフキやウドやワラビなどの山菜を採る授業だ。そういった中で、自分たちが離れ島に上がったときどうするかを教える。要するに、ロビンソン・クルーソーの世界を想像してもらいながら、山菜を採集する。次は畑に行く。8月になると、すでに種イモが4㎝から5㎝ぐらいの玉になっている。そこで、種イモを畑で掘らせてもらい、みんなで袋詰めをし、自分の家に5㎏ぐらいのイモを宅急便で送る。

それが終わると知布泊の村に帰ってきて、その日は山菜とジャガイモと、漁師さんからもらった魚の煮付けだとか、そういう料理をつくる。そのときは料理の勉強として、山菜の食べ方やご飯の炊き方なども、すべて子どもたちが自分で考えてやる。

3日目は、山の勉強、畑の勉強、海ではなぜサケ、マスが獲れるのか、網はこうやって刺すといった刺し網の方法や定置網を見に行ったりする。夕方になると、マス網を起こすために行って実際に魚を獲る。魚に実際に触って、そこで少し魚を分けてもらい、魚を村へ持って帰ってさばき、さらに切り身にしてみんなで焼いて食べる。

4日目は夜中の2時頃に子どもたちを起こしてバスに乗せ、知床峠へ連れて行って、国後から上がる朝日を見てもらう。そのとき、「この朝日をよく見なさい。あの北方四島は、いまはロシアが支配してるんだよ。一番近いところは28㎞しかないんだよ。速い船だったら、30分走ったらロシア領土で、でもそこに行くとつかまります」というように、北方領土の勉強会をする。北方領土とは何なのか。北方領土はなぜロシアに持って行かれたのかなどについて知ってもらう。

国後から上がる朝日が、今日1日の知床の始まりだと教えて、太陽がある程度上がったら、また村へ帰ってきて朝ごはんの支度をし、各自の分担した仕事をし、次は知床の木工所、鉄工所、林業の様子を見てもらう。漁業の人が一生懸命、秋のサケを獲るための網をつくっているものを見に行ったり、近くにあるでんぷん工場や、サトウ大根の砂糖工場を見学に行って、知床斜里の産業の紹介をする。農業と漁業と観光と商業と林業が、斜里町の柱になっているが、子どもたちの住んでいるところと比較するなどのトークショーみたいなことをやりながらディスカッションもする。

知床自然学校のようす。都会の子どもたちが自然体験をした（昭和61年頃）

夕方になると夕日の丘へ連れていく。「今日、1日、長かったでしょう。今朝、2時半に見た太陽が、今度は反対側に、いま海に沈むところですよ。これが知床の1日だったね」と。

1日の長い時間、1日は大事に使えばこれだけいろいろなことを勉強し、いろいろな体験もできるということを体験してもらう。村に戻ってきて、授業はあと1日で終わりとなるが、その中で1日はログハウスのつくり方、チェーンソーの使い方、ノミの使い方などを教えたりする。

そのとき、20本の丸太を、子どもの椅子ぐらいの大きさにチェーンソーで粗切りしておき、それをカンナやノミを使って仕上げをして椅子の形にして、子どもたちのおみやげに持たせる。その椅子をいまでも使っている子どももいるようだ。

最後の日は、漁船を借りて魚釣りに行く。釣った魚で夕ご飯のときにジンギスカンとチャンチャン焼きをする。これはお別れパーティーを兼ねていて、早く帰る子は翌朝の9時頃の電車で出たり、飛行機で帰る子は11時前後の飛行機で帰る。そして、帰ってからも、地元の子どもも含めて道内の子ども、東北、関東、関西、中部の子どもたちが交流できるようにしている。

記念樹を植える

知床自然学校では最後に必ずやることがあった。それは、一人について5本の木を植えてもらう植樹祭だ。その理由は、子どもたちはまだ幼いけれど、成人になったら来てもらいたいと考えたからだ。「私が子どもの頃に知床に行ったとき、木を植えてきたんだよ。それがこの木だ」という記念樹があればいいと思ったからだ。たとえば結婚して、自分の子どもに「お父さんは子どものとき知床に来て、知床自然学校に参加した。そこで植えた木がどれぐらい大きくなったのか見に行こう」というようなことで知床を訪ねてもらえるように、植樹祭はすべてやった。木の種類としては、白樺を植えたときもあれば桜やミズナラを植えたときもあった。

こんな話がある。江戸時代、北方警備で津軽藩士が100人ほど来たことがあり、寒さと飢えで食べるものがなく80人ぐらいが斜里で死んだ。そういうことがあって、斜里町に弘前のねぶたを1基もらいうけた。青年会議所が手まね足まねで、最初は2基のねぶたから始まって、いまは32基ぐらいあるそうだ。だから、いろいろな地域とつながりあって何かお手伝いしたいということが、この斜里にはあるのかもしれず、私もその血を受け継いでいるような気がする。

スノーモービルと出合う

私はモータースポーツが好きで、トヨペットに勤めていたときから日産のサニー1200を買ってチューニングをほどこし、週末になると北海道の白老サーキットに通っていた。その頃、週末にはいつも軽、サニー1200cc部門、1600~2000cc、大きいものは3000cc以上のレースをやっていて、そこで何度もトライしたが、レースではなかなかチャンピオンになれず、総合3位が一番の成績だった。

ある日、レース中に後ろから追突されて第1コーナーで転落した。男きょうだいは私だけだったこともあって、親父やお袋には内緒でレースに参加していたのだが、それでバレてしまった。「そんなことをしていたら命がいくらあっても足りない」と、親戚のおじさんやおばさんからも総すかんを食ってしまった。

そんなことがあり、サーキットで走ることは断念しようと思っていたとき、ヤマハがスノーモービルのレースを始めることを知った。スノーモービルのレースはカナダ、アメリカの五大湖周辺では盛んだったが、国内でもついにやることになったのだ。

当時、国内ではヤマハ、スズキ、共立のモービルがあり、海外ではボンバルディア、アークティックキャットなど、世界中に160社ぐらいあった。それぐらい海外では盛んだった。いまはボンバルディアのスキードゥ、アークティックキャット、ポラリス、ヤマハの4メーカーがモービルの主なメーカーとなっている。

当時、ヤマハの本田専務から「佐野くんが車のレースをやっているときから、たまに見に行っていたんだ。きみぐらいのセンスと度胸があれば、モービルならなんとかいいところへ行くよ」と声がかかった。24歳のときだった。よし、これに賭けてみようと思い、没頭することにした。

翌年の正月に仲間と一緒に麻雀をしていて、「今度、俺はモービルのレースに賭けるから酒も夕バコもやめた！」と宣言した。さらに、1日に10㎞のトレーニングのほか、なわとびと腕立て伏せで体を鍛えはじめた。スポーツはなんでもそうだが、強靭な体力が必要だ。それと、モービルには腕力も求められる。

最初に臨んだ北海道のレースだったが、緊張した割にはあっさり優勝できた。その頃は、ヤマハの３００ccのモービルだった。しかし、全国へ行くとやはり強者がたくさんいるということで、士別にあったヤマハのテスト基地に行って練習し、レースがないときは、ヤマハのキャブレターの耐久テストのお手伝いもした。

チャンピオンになるには、全国で6戦してポイントを競う。優勝は15点、2位は12点というポイント制になっていて、その合計が一番多いものから優勝が決まるが、全国から１８０人ほどの強者が集まってしのぎを削る。スピードは最高で時速１５０㎞ぐらいで、レースではいつもシミュレーションをしている。たとえば、もしトップで行けたときはどのコースを取るか、あるいは2位に付けたときはアウトからインに逃げて、雪がかからないところで抜くとか。ほかにも、いろいろと作戦を考えながら走る。

それと、勝つためには自分に対して暗示をかける。「俺は勝つんだ」と。ぶつかってけがをする。痛いけれども、チャンピオンを取れば忘れてしまう。3番目、4番目だったら痛さが倍にも3倍にも4倍にもなる。商売でも同じことが言えるというのを教わった。

そんなことで、昭和46年、47年、48年と、3年連続全国チャンピオンになった。実は、チャンピオンになった1年目でやめようと思っていたのだが、ヤマハの本田専務から次のように言われた。

「ボクシングのチャンピオンが、99%、勝てると思ったのに、たまたま目をつぶったとき、身体のすべてをかけて打たれたストレートを顔面に受けてノックダウンし、チャンピオンを奪われた。すぐに2回目をやり、チャンピオンを取り返した。チャンピオンというものは、2年、3年連続で取って初めて『佐野がいた』ということになる。1回はまぐれかもしれない。2年、3年と連続で取ることによって、機械も素晴らしい、チームも素晴らしい、ドライバーも素晴らしいと自他共に認められる。モータースポーツもそうだけれども、すべてのスポーツは『3年連続』という暖簾がなければだめだ」。

そのとき私はまだ若いせいもあって、「俺を利用してヤマハのモービルを宣伝しようとしている」と勝手に思いこんでそのときは帰った。しかし、家に帰ってよくよく考えてみると、専務が言っていることは理にかなっているのがわかった。

「3年連続でチャンピオンを取りますので、ぜひよろしくお願いします」とすぐにお詫びをして言った。それがきっかけで、スノーモービルで日本初の3年連続のチャンピオンになることができた。いまの商売でも、頂点に立つことの原点はここにある。努力と持続によって、人生観や商売にも大きくプラスになった気がする。

その後、息子たちもモービルをやった。長男敏之も1回、チャンピオンになったが、仕事が忙しいので、その後は準チャンピオンが2回だった。三男坊三男もチャンピオンを1回取ったが、あとは準チャンピオンを取り、以降は参加するだけだった。

四男の友介は、自分で「やりたい」と言って始めた。小学校に上がる前からモービルに乗せて連れ歩いていたこともあって、モービルを操るのはうまかった。身体も鍛えて、1回目、かなり期待して臨んだが左足を複雑骨折し、靭帯のほとんどを切って帰ってきた。

私は知り合いに頼んで札幌の大きな整形外科病院に入院させ、治るのに半年かかった。これでもうやめるかと思っていたところ、スーパーチャンピオンを3年連続で取った。その後、何を言い出すかと思ったら、「アメリカへ行きたいのだけどスポンサーがいない」という相談だった。だれに頼めばいいか迷っていて、たまたまダイキンの環境対策室長に話をしたところ、「相談してみます」ということで、結果的にダイキンがスポンサーになってくれた。難しいかなと思っていたので、承諾していただいた時には半信半疑だった。これもやはり日頃からのお付き合いが大切だと思った。その後はNGK、ショウエイなど、十数社がスポンサーになってくれた。

アメリカの五大湖周辺で毎週行われるレースに参加したところ、最初にいきなり優勝した。しかし、そのあとは7位、15位で、総合1桁で帰ってきた。世界の厚い壁に打たれて帰ってきたのかなという気がしている。

いまは40ｍぐらい舞い上がるステージを北海道につくり、みんなにショーのようにして見せている。夏はモトクロスをやるが、息子の頼みですでに完売になっていた２５０ccのモトクロスを本田技研の久慈さんにお願いして探してもらい、なんとか確保できた。

これからは息子、それから孫の時代になる。いま孫は小学校6年生、4年生、1年生だが、すでに一生懸命モービルを始めている。自分もまだまだ指導しなければいけないのかな、と思うこのごろである。

スノーモービルは一人でできるものではなく、みんなの協力が必要で、それが優勝といった形として現れると思っている。自分一人でできることは限られているということを、子どもや孫には知ってもらい、他人を大切に思う心を育ててほしい。

知床をスノーモービルで冒険

昭和58年10月9日。スノーモービルで3年連続、全国チャンピオンになった後のことだ。いままでいろいろな冒険をしてきたが、厳寒の知床連山を縦走する計画を立てた。すると、協力したいという人がたくさん出てきて、ＮＨＫも同行取材してくれることになった。夏のうちから山々に食料や燃料を備蓄した。

スタートは、屈斜路湖の藻琴山で、この山は１０００ｍに30㎝、つまりビール瓶1本足りない高さだ。屈斜路湖を半周しながら摩周湖まで行き、摩周湖から斜里岳の裏斜面、計根別を通り、斜里岳の前へ来てそこの山小屋で1泊。その後、斜里岳の林道を走りながら海別に行き、そこから羅臼、硫黄山、知床岳まで行き、さらにルシャ平まで行く。ルシャからは、半島はモービルで走ることができないので、流氷の上を走るという計画である。

ＪＣ時代の友人や商工青年部の仲間も手伝ってくれた。プロスキーヤーで、昔、オリンピック選手を育てたカサイプロスキーヤーのメンバー、和佐田くんが同行取材をすることになった。プロカメラマンの佐藤さんは、札幌、東京オリンピックのオフィシャルカメラマンだった。プロスキーヤーは、私がモービルで引いて歩く。私の友人で、ニセコでコテッジをやっていた頼さんも参加してくれた。

私の事務所に集まり、みんなに計画を話した。「ここにはこういう機材を上げてある。ここにはこういう食料を上げてある」と説明。仕事の分担、天気の状況、計画は3通り考えた。大吹雪になったときの撤退も考え、みんなで議論した。そんな日が3日も4日も続いた。

この計画は環境庁や林野庁に許可申請が必要で、撮影した写真を環境庁にも提供すると約束し、まず、環境庁の事務所長がオーケーしてくれた。流氷の上を歩くことは簡単と思っていたが、陸地ではないということで海上保安庁の許可が必要で、「こういうことなので理解してほしい」と資料を出し、冬の知床の突端の映像はどこにもないのでそれを使っていいということでオーケーを出してくれた。ようやく許可が下りたが、結局は半年もかかった。いまでは許可は下りないだろう。

大手スノーモービルメーカーのメカニックも特別参加し、エンジンの調整に入ってくれた。スノーモービルは4台、サポートのモービルは10台だ。そしてNHKの取材へリコプター。ヘリコプターは毎日来るのではなく、私たちが走っているのを上から映す。たとえば斜里岳へ来たら、カメラマンをモービルで斜里岳へ運んでもらう。

なんとか斜里岳までたどり着いたのだが、二つ玉低気圧という日本海と太平洋からの低気圧が接近していた。ラジオのニュースや無線で網走の気象台にも聞いてもらうと、「これは大変な吹雪になる」という。ここで死者やけが人を出したら困るので、斜里に撤退することにして山小屋へ置いていけるものは置き、一般道に待たせていたトラックにスノーモービルを積んで斜里へ戻った。

低気圧は三日三晩、雪と嵐ですごかった。三日後、いままでの嵐が嘘のような青空になった。「よし、行けるぞ！」と、斜里岳の山小屋へ登った。吹雪のあとだから、1・5mぐらいのふかふかな雪が積もっているので、モービルもなかなか進まない。まして、2台目のモービルは和佐田くんと頼さんを引っ張っているから重たい。

私は同じところを行ったり来たりして、ある程度固まったら山小屋へ向かって走った。その日は斜里岳の山小屋から物資を積み、モービルの後ろに橇を引き、海別に向かった。海別からウトロの温根別岳まで向かい、温根別岳から向こうはとてもモービルでは行けないのでオシンコシン

つっ走れ知床の雪原

大自然の懐に熱き心

知床をスノーモービルで突っ走る。15日間のアドベンチャー（昭和58年1月1日・読売新聞）

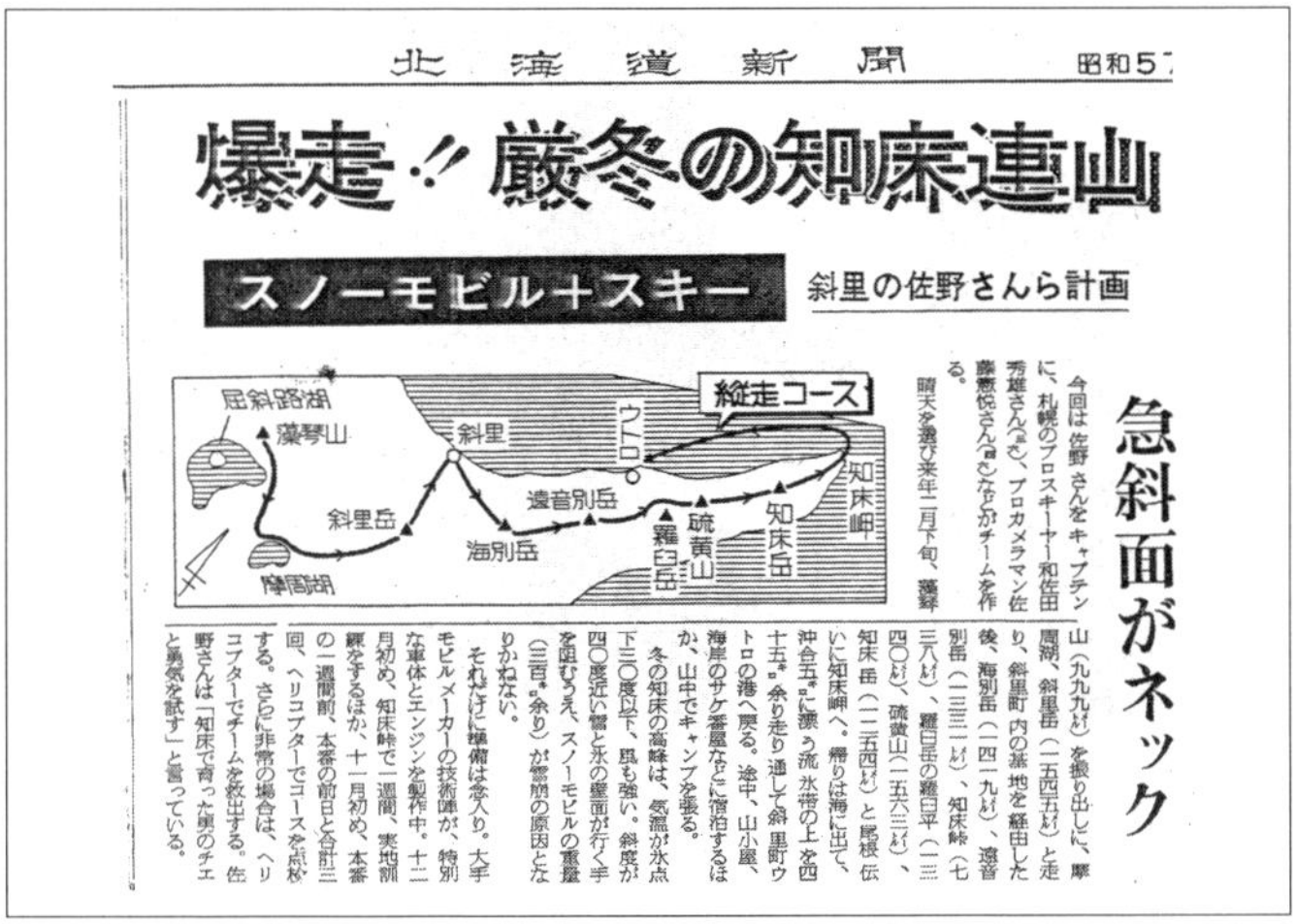

北海道新聞　昭和5

爆走!! 厳冬の知床連山

スノーモビル＋スキー

斜里の佐野さんら計画

急斜面がネック

今回は佐野さんをキャプテンに、札幌のプロスキーヤー和佐田秀雄さん、プロカメラマン佐藤惠悦さんなどがチームを作る。

晴天を選び来年二月下旬、藻琴山（九九九㍍）を振り出しに、摩周湖、斜里岳（一五四五㍍）と走り、斜里町内の基地を経由した後、海別岳（一四一九㍍）、遠音別岳（一三三一㍍）、羅臼岳の羅臼平（一三三八㍍）、知床峠（七四〇㍍）、硫黄山（一五六三㍍）、知床岳（一二五四㍍）と尾根伝いに知床岬へ。帰りは海に出て、沖合五㌔に漂う流氷帯の上を四十五㌔余り走り通して斜里町ウトロの海へ戻る。途中、山小屋、海岸のサケ番屋などに宿泊するほか、山中でキャンプを張る。

冬の知床の高峰は、気温が氷点下三〇度以下、風も強い。斜度が四〇度近い雪と氷の壁面が行く手を阻むうえ、スノーモビルの重量（三百㌔余り）が雪崩の原因となりかねない。

それだけに準備は念入り。大手モビルメーカーの技術陣が、特別な車体とエンジンを製作中。十二月初め、知床峠で一週間、実地訓練をするほか、十一月初め、本番の一週間前、本番の前日と合計三回、ヘリコプターでコースを点検する。さらに非常の場合は、ヘリコプターでチームを救出する。佐野さんは「知床で育った男のチエと勇気を試す」と言っている。

藻琴からウトロまで全行程550km（昭和57年10月9日・北海道新聞）

岬まで下りた。

そこからトラックに積み、今度はウトロの幌別までトラックで移動した。当時、幌別から先は全部通行止めだった。そこで知床半島へ行く物資や燃料を搭載し、いよいよスタートである。

そんなこんなで4日が過ぎ、5日目にウトロをスタート。なんとかルシャの番屋に辿り着いた。着くともう夕方で、流氷に沈むオレンジ色の大きな太陽がわれわれをギラギラと照らす。オジロワシがファッファァと音を立てて飛んできた。キツネもあちこちから、番屋のふちへ出てきた。いままでおとなしく冬眠していた真冬の番屋に一気に電気がつき、騒ぎ声が聞こえるから鳥もキツネもびっくりして出てきたのだろう。

次の日は、いよいよ流氷の上を走る。モービル3台で、あとは留守番となった。私と2人のメンバーで、朝食後、無線機と緊急食料、ロープ、ピッケル、ノコを持っていよいよスタートだ。「知床岬まで行ってくるよ」と言って出た。

ルシャの番屋から出て、通称滝の下番屋を越えてアオモイの番屋に差し掛かったとき、流氷が離れていることに気づいた。仕方ないので断念して帰ってきた。「おそらく風が吹いても、もうあそこには流氷はつかないだろう」と、今回の旅はアオモイの岬で断念した。これが知床連山流氷550㎞の旅の終わりだった。

第2章

立松和平くんとの出会いに始まる毘沙門堂建立

平成22年に突然亡くなられた作家の立松和平くんは、私にとって生涯の友であり精神《こころ》の支えでもあった。立松くんとのことでは、なんといっても知床三堂をつくり例祭を開催したことが大きい。出会いのきっかけとなったのはテレビ朝日の「ニュースステーション」の中の「こころと感動の旅」の中で知床が取り上げられたときで、私がログハウスのつくり方と知床知布泊村の話をし、様々な取材や撮影に協力したことに始まる。

私は立松くんの飄々とした雰囲気と、それとは正反対の粘り強さに感心したものだ。立松くんの視野の広い、物事に対する自然な対し方など、いろいろな面で私は圧倒された。こんなにやさしい人が世の中にいるのかと、私自身のことを考えると恥ずかしさを覚えたぐらいだった。しかし、私は知床を舞台に様々なアウトドア活動（スノーモービル、ログハウス、自然学校など）をしており、ニュースステーションの取材より前から、様々なマスコミに取り上げられていた。ひょっとしてこれらの活動が立松くんとの出会いの伏線になっていたような気がする。

私の人生の多くのことは立松くんから教えられ、影響されたと言っても過言ではない。しかし、その彼はもう私の心の中にしかいない。いまでも、悔しいことやうまく行かないことがあったときは、立松くんが私の中に出現することがある。そして、例の栃木弁で言うのだ。「佐野くん、そんなにあせっちゃだめだよ、ゆっくりいかないと。流れる水は先を争わず、って言うだろ、ほら」。私は、彼の思いをしっかりと引き継ぎ、果たしていく覚悟だ。

立松和平くんがこんなに早く亡くなるとは思ってもいなかった。彼と一緒にやりたいことがもっともっとあった。たとえば、知床自然学校をもう一度やりたかった。そのほかにも……、でもいまはもう不可能だ。ただ、彼の意志をこれからも引き継いでいきたい。そうはいっても、彼がいるといないでは大きな違いだ。しかし、それでも何かしていきたい。

いまは月に2〜3回、年間20〜30回ほど東京に仕事で行くことがあるが、彼が生きている頃東京に行くというのは、仕事がらみがあっても年に1〜2回だった。彼と付き合いはじめたのもそんな頃で、恵比寿にある立松くんの住居の書斎に一度だけ行ったことがある。「俺の仕事場を見るかい」ということで、部屋に入った。彼は書斎にはあまり他人を入れず、応接間で話をすることが多いようだった。書斎は案の定、たくさんの本が部屋のあちこちに乱雑に置いてあり、それこそ足の踏み場もない状態だった。私は日頃から本に親しんでいたわけではなかったので、これが作家の書斎だと言われても、正直こんなものかなという感じだったが、それでもなんとなく立松くんの優しさがこもっている空間のように思えたことを覚えている。

彼との出会いは私にとってはかけがえのないもので、人間の幅を格段に大きくしてくれた。いろいろな人を紹介してもらい、そうした人たちとのきちんとした付き合い方を学ばせてもらった。そして何よりも、2人でいろいろな経験をしたことが彼との関係では大きかった。パリ・ダカール・ラリーも一緒だった。スコットランド縦断の自動車ツアーにも行った。京セラと京都ドームに協力していただき、ソーラーカーをつくって全国縦断もやった。そうした経験はすべて、いまの私の血となり肉となっている。

本章では、立松くんについてのことや、立松くんが私に引き合わせてくれた人たちのことを書かせていただいた。

1 立松和平くんと出会う

知床自然学校にやってきた立松くん

では、その立松和平くんとはどのようにして出会ったのか。知床自然学校の4回目の平成元年のときだった。彼の長男心平くんが高校生のときにたまたま入学してきたのだ。その後、心平くんも含めて、そのとき来た子が5人とも北海道大学に入り、心平くんは農業系の大学院を出て農学博士になった。その後、長女桃子ちゃんも来て、まるでロビンソン・クルーソーとかトム・ソーヤの世界だった。立松くんも「すごいことをやっている。いまの子どもたちには、こういうことが一番いい」と言っていた。

いまの子どもたちは物を大事にしない。物があふれて便利になりすぎたからだろう。「お父さん、おもちゃを買って」と言ったら、デパートやおもちゃ屋さんへ行ってすぐに買ってやる。壊れたらすぐに捨ててしまう。私が子どもの頃は、田舎なのでデパートもなく、学校の工作の延長線で木などを使って車や飛行機や機関車をつくったりしていた。大人から見たら「何だ、これは」というようなものでも、苦労して考えて設計して、トンカチやノミを使って汗をかいてつくったので、心がこもっている。だから、どんなに稚拙なものであっても大事にする。いまの子どもたちでも、自分でつくれば物の大切さがわかって大事にすると思っている。だから、知床自然学校では工作や料理など、物をつくることを必ずカリキュラムに取り入れた。

立松くんのところにも、自分でつくったベンチがずっとあったと聞いている。自分で汗を流し、手を汚すことはいつまでも思い出になるからだ。大げさに言えば、自分の歴史を振り返るための階段をつくり、それを残して守っていかなければいけないと思っている。子どもの頃、壊してばかりいた私自身が言うのも変だが、子どもの頃から自然の中で暮らし、自然を見ていたので、知らず知らずのうちにそういうことを思いついてやるようになったのだと考えている。

彼との出会いは、おおげさでもなんでもなく、本当に私の人生観を変えた。たとえば、これまで90度の範囲しか見られなかったのが、彼の持つ広い視野が私の中にも染みこみ、付き合っているうちにどんどん視野が広くなっていった。人との交流についても、まさに180度、360度の広さで人とつきあうことができるようになった。それぐらい彼は人間に対するスケールが大きかった。

知床の友達
立松和平

流氷がくれば美しいし、山が緑になっても美しい。知床とはそんなところである。だが、一番美しいのは、人の心に映る知床の風景だ。景色だけなら、何度見ても飽きないというわけにはいかない。人は会えば会うほど親しさが増し、風土を感じさせてくれる。

佐野博さんは、知床の大地に両足ですっくと立っているトム・ソーヤだ。北海道の最良の精神と呼びたくなる。頼もしい友達だ。

私のことを書いた立松くんの生原稿。彼のなつかしい丸文字の筆跡

平成19年、当時2人で借りていた牧場にて

平成6年11月16日、NHKロケ。福地光男さんとログハウスで

「ニュースステーション」の「こころと感動の旅」で立松くんが取材でやって来たとき、私はログハウスのつくり方と知床知布泊村の話をし、それがいまの知布泊村の三堂につながったのだから、運命というのは不思議なものだ。

知床での取材とテレビ朝日「ニュースステーション」

立松和平くんとの繋がりを深くしたのがテレビ朝日のニュースステーションという番組だった。キャスターは久米宏さんと小宮悦子さんで、この番組は遅い時間帯の本格的なニュース番組ということで当初から話題になっていた。その頃は、いまのテレビ朝日の社長早河さんが初代のデスクで、ハードなニュースばかりではなくて、週に1本ぐらいは心と触れ合うようなシーンを取り入れたいという要望があり、「こころと感動の旅」という枠がつくられることになった。

当時、私は趣味でスノーモービルをやっていて、全日本チャンピオンにもなり、正月の新聞にも全面で「肝っ玉野郎」というタイトルで取り上げられた。それをデスクが見ていたらしくて、知床にすごいヤツがいるというのでニュースステーションの取材でやって来たのが立松和平くんだったのだ。私はログハウスのつくり方と知床知布泊村の話をした。

その番組で流氷の下に潜ったのが須賀潮美ちゃんという女性で、立松くんが「潮美ちゃん、大丈夫ですか。水中はどのようになっていますか」と、独特の栃木弁で言ったのがちょっとした流行になって、その番組も一躍有名になった。潮美ちゃんのお父さんの須賀さんは当時日本潜水協会の会長をやっていて、ひょんなことから私は一緒に摩周湖で潜ったこともあった。流氷の下でも、いまは皆さんが普通に潜っているが、須賀さんとか、須賀さんのところの若い衆たちと共に、私は40年も前にすでに流氷の下のクリオネを見ていた。

ところで、当時知床では林野関係にお金がないということで、お金になるいい木を切って売っていたのだが、それがいいのか悪いのかということで町を二分した論争になった。町長選挙の結果、自然保護派の午来さんが勝って、その後町長を長く続けられ、そうしたこともあって知床は自然保護活動に積極的だった。その結果と言ってもいいと思うが、知床は世界自然遺産になったのだ。

立松くんとのことで言えば、ニュースステーションをきっかけに雑誌の取材などが始まった。ニュースステーションでは結果的に知床で8本、東北海道で30本の番組をつくって放映した。

2　毘沙門堂建立

東京下谷法昌寺福島泰樹住職の答え

途中から立松くんにも参加してもらいながら知床自然学校を10回ほどやっているうちに、斜里町でも知床自然教室が始まったので、もう役目は終わりだということでやめた。そして、立松くんと話をして、それなら60歳でリタイアしたときの大人の遊び場所をつくろうと決めた。「昔の開拓時代に知布泊村の神社があったのだけど、守る人がいなくて返してしまった。それをもう一度なんとかしてもらえないだろうか」という相談を彼にした。「全国のいろいろなところを歩いているだろうから、何か神社仏閣を持ってきてくれよ」と言った。

少し強引な頼みだなとは思ったが、驚いたことに数日してから立松くんから次のような話を聞いた。日蓮宗のお坊さんで、歌人でもある福島泰樹さんという先輩に相談したところ、「立松、何を言っているんだ。神社仏閣なんかだめだ。そんなもの毘沙門天に決まっているだろう！」と、鋭い声で電話がかかってきたというのだ。その一声で毘沙門天に決まった。不思議な感じがしたが、こんなことも人生にはあるものだと思ったものだ。

ご存じのように毘沙門天は北方の守り神で、戦いの神様でもある。上杉謙信が戦いに出るときも必ず手を合わせて唱えたと言われ、北には一番ふさわしいということだった。福島泰樹住職は、立松くんの早稲田の先輩だ。知床毘沙門堂ができた経緯についてはすでに述べたが、お堂をつくるとき、福島住職には東京からわざわざ知床の地に足を運んでいただいた。毘沙門天は北方のふさわしい場所にお堂を建てなければいけないとのことだった。立松くん、七條さん、福島さん、私の4人で、笹薮を見ながら持っていった磁石で「これが北の方角だ」、「じゃあ、ここに決めよ

福島住職と高橋惠子さん、菅原文太さんたちと

福島泰樹住職は歌人として知られ、多くの短歌をつくられている。絶叫短歌のライブは世界中で1000回をこえ、独特のスタイルで人気を博している。

う」となったのが、平成6年の春一番が吹いた日だった。

そうこうしているうちに、福島さんと立松くんが、当時は荒れ放題だった、いまの知布泊の土地に来てくれた。いまはきれいに整備されているが、とにかくひどい荒れ地で何から手を付ければいいか迷うぐらいだった。それでも、私と七條さんとの4人でとにかく最初に笹やぶを刈り取り、次に木の枝を払い、数カ月かけて荒地を整備していった。そこにある小高い丘の上に上がって、「ここがいい。ここで北向きに」ということで知床毘沙門堂を建てる場所を決めた。祀ったのは、福島住職の下谷・法昌寺にある毘沙門天を分神したものだ。祀られている毘沙門天は斜里川河口で見つかった春楡《はるにれ》の沈木を金城靖子仏師に彫っていただいたものだ。

建立工事中の平成7年に阪神淡路大震災があったのだが、あるとき、被災地の神戸で大工をしていた人がもう仕事が嫌になり、途方に暮れて知布泊村に車でやってきた。その人が「何をしているのか？」と言ったので、「お堂を建てている」と言うと、その人は1週間何も言わずに熱心に手伝ってくれたのだ。しかしちょうど1週間後の朝、別れの手紙だけを置いてその人はいなくなっていた。ついに住所も名前も聞かないままで、あとで立松くんと「毘沙門天の化身かな」と語り合ったものだ。

出会いというのは何と不思議なものだろう。私の場合、何かをしようとすると、かならず手伝ってくれる人がどこからともなく現れる。例祭もいろいろと手伝ってくれる人が大勢いるが、そのほかのことでも同じように手伝ってくれる人がどこからともなく現れる。そうした人たちがいなければ、到底何もできないのだから、私は本当に運がいいのかもしれない。人との付き合い方ということで、これも立松くんから自然のうちに学んだことのひとつだと思っている。

手弁当で毘沙門堂を建てはじめ、1カ月ぐらいでできた。その後は、御堂までの参道を切り開いたり、石を取り払ったり、土を入れ替えたり、木を植えたり、いろいろなことをした。福島さんからは最終的に「これでいいだろう」ということで承認を得て、平成7年、第1回目の法要が始まった。福島住職と法隆寺高田良信管長により無事毘沙門天への魂を込められ、ここに知床毘沙門堂が建立された。

福島住職は立松くんとの付き合いで知床にはもう30回以上も来てくれている。数年ごとに、東京下谷毘沙門講の人たちを10人ほど例祭に連れて来ていただいている。感謝に堪えない。

3　毘沙門堂建立と侍たち

知床の自然をオカリナに乗せる宗次郎くん

宗次郎くんはオカリナ奏者として、いまは日本を代表する奏者だ。彼と出会ったのは、立松くんからの紹介だった。立松くんがテレビ朝日の「ニュースステーション」の中で放送していたシリーズ

「こころと感動の旅」のテーマ曲が必要だと言うと、宗次郎くんが曲をプレゼントしてくれた。「こころと感動の旅」はその15年後に「水の旅人」というテーマで放映されたが、そのときも「水心」という曲を立松くんにプレゼントしてくれた。こうしたことから、立松くんと宗次郎くんと私の3人で義理のきょうだいのような付き合いが始まった。実は、私と立松くん、宗次郎くんの3人が相談し、毘沙門堂建立計画を実現させた侍たちである。宗次郎くんは、知床三堂の副総代である。

「水心」のジャケットの撮影で宗次郎くんが北海道に来たのだが、こんなことが起こった。「ぜひ、神の子池で撮影を」という話をしたところ、快く引き受けてもらったのだが、たまたま時間が合わなかったので、宗次郎くんとスタッフは先に川に入ることになった。その日はちょうど台風が来ていて大雨が降っていた。撮影のために川の中州でキャンプをしていると聞いたので、「大変だ、そこは水に浸かる。危険なのですぐ斜里まで来て。私のログハウスに泊まればいい」と言って急遽斜里に呼んだのだ。

こうして一行がやってきて、撮影の段取りやら背景についてどうするかということになった。私も写真については一家言あるつもりなので、持っているノウハウをすべてお話しさせていただいた。

翌日は朝一番で神の子池へ行き、宗次郎くんが「水心」を吹いているところを撮影することになった。ところが、「水心」を吹きはじめると、たちまち小鳥たちがたくさん宗次郎くんの周りにわっと集まってきたのだ。撮影どころの騒ぎではない。小鳥たちがオカリナの音を自分たちの仲間が来たと思って集まってきたようだ。そんな中でたまたま一緒に行った佐藤栄治くんは「素晴らしいな。お前がオカリナ、オカリナと言ったけど、これはすごいものだ」と宗次郎くんのオカリナの魅力に驚いていたのが記憶に残っている。

宗次郎くんは、その後、何度となく知床に足を運んでくれ、「木道」、「風人」、「水心」の3部作をつくった。実はこの3部作はレコード大賞企画部門賞を受賞したのだった。その後もオカリナ・エチュードなどのオカリナCDを発売し、いまでは世界を代表するオカリナ奏者になっている。

知床三堂の設立にも大きく貢献した宗次郎くんは、オカリナの第一人者として世界的にも知られている

宗次郎くんとは、こんな思い出もある。当時ホンダで売っていたチェロキーを買っていただき、茨城県のご自宅まで届けることになった。東京で落ち合って常磐道を走り、夜遅くなってなんとか家へたどり着いた。ドアを開けたときのすがすがしい空気の感触はいまでも思い出す。その後、ずいぶんあちこちを案内してもらった。

なかでも旧緒川村は、いまでは町村合併で常陸大宮市になったが、そこの元の村長さんが「ぜひ宗次郎さんに借りていただきたい」ということで、ある場所を借り受けることになった。いまではそこはオカリナ工房となり、野外コンサート場や畑があり、素晴らしい公園になっている。その頃、たまたまうちの女房と2人で宇都宮の病院へ通うことがあり、そのときに泊めていただいた。そんなときもあちこち案内してくれて、日光などへも連れて行ってくれた。

知床が世界遺産になる3年前、ほとんど世界遺産になることに決まりかけていたとき、私が「宗さん、知床が世界遺産になったら、ぜひ世界遺産のテーマ曲をつくってくれ」と頼んだ。ところがそのことをすっかり忘れてしまっていて、2年後のある日、「佐野さん、できたよ」と言われて、何のことやら私は覚えていなかったのだが、実はそれが知床世界遺産のテーマ曲だった。忘れずに覚えていてくれてうれしかった。ご存知の方も多いと思うが、私の携帯電話の着メロは、知床世界遺産のテーマ曲である。「あなたの着メロは素晴らしいね」と言われると、つい得意になって「知床世界遺産のテーマ曲で、私の友人の宗次郎くんがつくってくれたんだ」と宣伝してしまう。

北海道ホンダ会の会長が、北海道で宗次郎くんの大きなコンサートをしてくれると約束している。そんなことで、少しは宗次郎くんに恩返しができるのかなと思っている。

宗次郎くんと立松くんはどちらかというと似ている。モソモソッとしゃべるが2人とも芯は強く、自分のやりたいことはきちんとやるタイプだ。また、2人とも人の話をよく聞く。私は自分で言うのも変だが、若いときから天真爛漫で、人の話もよく聞かないで、交通事故、海、高圧線で、3回も死にかけるという意識不明の状態を経験し九死に一生を得ているが、その都度助かったので、人間というのは丈夫だなと勝手に思っているところがある。しかし、立松くんも宗次郎くんも慎重で思慮深い。そうした相反する性格だからうまく行ったのかもしれないと思っている。

宗次郎くんは、いままでは押しも押されもせぬ世界的なオカリナ奏者だが、そこまでなるにはずいぶん苦労したと聞いている。先輩の喜多郎さんがアメリカへ行ってしまったため、宗次郎くんは一人取り残された感じだったそうだ。ようやくＮＨＫの「大黄河」の音楽で認められて、先ほど言った「木道、風人、水心」の受賞があった。オカリナスピリットという、自然派のミュージシャンとして、これからも、素晴らしい曲をつくってもらい、まだまだいい働きをしていただきたい。

立松和平と二人三脚でふるさと回帰支援センターを運営した高橋公さん

高橋公さんは、みんなからハムさんと呼ばれている。名前からそう呼ばれているのだろう。ハムさんとの出会いは、立松くんと知床での仕事を終えて、羽田に着いたときに「これから高橋公さんに会いに行くけれども一緒に行かないか」と誘われた。22、3年前のことだ。最初に会ったときはとても礼儀正しい人だなと思った。でも、顔に独特の特徴があり、怒るとこわいだろうなとも思った。

さっそくレストランで食事をすることになり、私はお酒が飲めないのでウーロン茶を飲んだが、とてもおいしい肉だったことをいまでも思い出す。立松くんとハムさんは飲める口なので、ワインを飲んでいた。たちまちワインを2本開けて、「うまいな、わっぺい、やっぱり肉にはワインだな」と言っていた記憶がいまだにある。

ハムさんは当時、連合の政策局長をしていたが、元々自治労の出身であったので、日本全国を股にかけて仕事をしていた。そんなことで、全国ネットワークにはすごいものがある。私が「池で鯉を飼っている」と言ったら、「わかった、佐野くん、鯉を新潟の山古志村から届けよう」となり、15〜20㎝の錦鯉が30匹も送られてきた。本当に全国に顔がきくのだと感心させられた。

ハムさんは、いまはNPOふるさと回帰支援センターの代表理事になってセンターを切り盛りしているが、初代理事長が立松くんだ。二人三脚でセンターを運営していたようだ。立松くん亡き後はハムさんも相当弱ったようだが、底力で、いまは青森大学副学長として活躍している見城美枝子さんがふるさと回帰支援センターの理事長になった。東銀座にある七十七銀行の3階から有楽町の東京交通会館へ移り、5、6階に事務所がある。そこで全国の34県をはじめ市町村への田舎暮らし情報を発信している。

そんなハムさんは知床三堂に何度も来てもらっていて、私たちと立松くんがやったことを深く理解してくれている一人である。ハムさんは、人をリードするのが大変うまい。まるで、まな板の上の魚をさばくように、トントントンと人を切り分ける。定年を迎えた人たちが都会で暮らすのはなかなか難しい。３０００万くらいの退職金をもらっても家も土地も買えず、マンションを買ったら何もなくなる。そこで、地方では古民家や空き地を１００万から１０００万で提供しているので、ふるさとへ帰る人とのパイプ役をやっている。自然の素晴らしさ、日本の国土の素晴らしさ、田舎の食べもののおいしさとふるさとで暮らす喜びをアピールしている。

国でも、ふるさと回帰支援センターが10年以上も前からやっていることをやろうという話が昨年末にあり、ハムさんは激怒していた。友人の中井健人さんと3人で有楽町近くのレストランで食事をしたとき、そんな話を聞いた。「それはないよね」と、中井さんと2人で言ったものだ。その後、ハムさんの努力もあってなんとか国も理解してくれ、ふるさと回帰支援センターに協力するということになり、4月から27県1政令都市が相談員を置いて田舎暮らし情報を発信している。

そんなふうにしてハムさんとも24～25年のおつきあいだが、立松くんの「遠雷忌」もハムさんが幹事役でやっている。昨年亡くなられた村民の菅原文太さんを偲ぶということで、仲間内だけを集めて奥さんの文子さんを誘い、立松くんの奥さんや大地を守る会の藤田会長たちと励ます会食

高橋公さん（左）と菅原文太さん。いつも楽しい仲間だ

高橋公さん（左）と仲間たち

をした。私もちょうど東京にいたのだが、ホンダのメーカーの部長に呼ばれていてその席には行けなかった。残念だったが、心温まる話である。

今年の3月11日に目白の椿山荘で文太さんを偲ぶ「惜別の宴」が開かれ、顔の見える関係ということで160人ほどの人が参加した。みなさん和気藹々に文太さんとお別れをした。この偲ぶ会もハムさんが事務局をやった。知布泊村には文太さんの灯篭があるが、いま私は文太さんの慰霊碑を建てるために一生懸命動いている。ハムさんには秘密だが、完成したらハムさんも喜んでくれるだろうと思う。

ハムさんには、これからも知床三堂を始め知布泊村、われわれのよき指導者であってほしい。最近は酒に弱くなったみたいなのでほどほどに、これからの人生も仲良く、100歳まで生きてほしい人である。

立松和平『光の雨』の高橋伴明監督と女優高橋惠子さん

女優の高橋惠子さんは、以前斜里に住んでいたことがある。釧路管内の標茶町で生まれ、子どものときに斜里に行き3~4年住んでいたそうだ。お父さんは、斜里で生命保険会社の所長をなさっていたようで、子どものときから美しくきれいで、スタイルがよく、やがて子役で東京へ出て行き、女優になったとのことだ。

映画監督の高橋伴明さんは立松くんの紹介だ。恵子さんとお付き合いはなかったが、立松くんの紹介で、ご夫婦で知床に何度か来ることになった。立松くんはある雑誌で『光の雨』の連載をしていたが、それが獄中にいる当事者に盗作だと言われた。いろいろなかたちで当時は大騒ぎになった。

渦中の人となった立松くんだったが、当時は田んぼステーションで米をつくり、私も一緒に手伝いをしていた。米をつくる合間に、立松くんはテレビに出て謝罪した。彼らしく、「私は自由の身だが、自由でない人もいる。そういう人たちの気持ちを受けながら、われわれはものを書いたり、ものを聞いたり、言ったりしなければならない。それに対しては本当に申し訳なかった」という短い文章であったが、とても感動する言葉だった。

それによって、獄中にいる当人からも手紙が来て、「ぜひ連載を続けててほしい」ということになった。やがて和解したのだが、名誉挽回するにはどうしたらいいかということで、高橋伴明監督もぜひ協力したいということで映画『光の雨』をつくることになった。監督はもちろん高橋伴明さんだ。

伴明さんは群馬県でやろうとしたが、私が「群馬県の雪も知床の雪も、白い雪には変わりがない。われわれが全面協力するから知床で映画を撮影してくれ」ということで、知布泊の裏にセットのアジトを2つ建てて映画がつくられることになった。「なぜこの映画を知床でつくるんだ」と反対する人もいたが、「監督と地元の人が仲がいいので、ぜひ知床で」となった。

いまではすっかり有名になった大杉漣や山本太郎をはじめ、たくさんの俳優さんたちがやってきた。そのとき初めて、伴明さんの男らしいところを見た。監督というものはすごいんだなと思った。伴明さんの一声で文句を言わせず、すべてのスタッフや俳優が動くのだ。

町を挙げてとは言わないが、仲間を挙げて映画に全面協力した。アジトを建てるには羽田野達也、岩城仁、羽田野靖など、私の仲間がみんな手伝ってくれた。農家の廃屋をもらってきて、ばらしてセットとして建てた。材料が足りないのは買ってきた。自分のいとこの植村建設の社長にも、全面協力してもらって建てた。

セットができ上がると伴明監督がやって来て、「これなら何とかいける」となって撮影がスタート。私が持っている3つのログハウスを開放し、役者さんが着替えるところや食事をするところにした。女房の友だちが毎回10人ぐらい、交代で昼飯や夕飯をログハウスでつくってふるまった。

こんなことがあった。冬でもログハウスの中にいると常時27℃、28℃だが、撮影現場は火も何もないのでマイナス10℃ぐらいになる。夜になるとプロデューサーやスタッフが風邪を引いてしまい病院に運んだ。風邪をひかないようにみんなマスクをし、苦労しながらなんとか1カ月半の映像づくりが終わった。

監督の権限はすごいなと思ったことがある。「ホテルばかりの食事では飽きるから、たまに寿司でも食べに行かないかい」と誘うと、ちょうどその横に大杉漣さんがおられた。監督は、「大杉、お前も佐野さんと一緒に寿司、食いに行くか」、「いいんですか、監督」、「じゃあ、後ろに乗れ」というかたちで、あの素晴らしい大杉漣さんが監督の一言で私の後ろに乗り、3人で寿司を食べた。

大杉漣さんの撮影シーンが終わって東京に帰るとき、「監督や佐野さん、地元の人にずいぶんお世話になりました」と、わざわざ私の家に寄って挨拶をして帰っていった。それもひとえに監督のポリシーがあり、素晴らしい映画をつくるためだったのだろう。

あるとき、リンチで殺した死体を埋めるシーンでみんな、寒くてごたごたしていたら、「お前たち、そんなものパッとできないなら帰ってしまえ！」と監督が大声で、雪の中で怒鳴ったのが聞こえた。私は黙って見ているしかなかったのだが、そうするとみんなの動きが素早くなり、そのシーンを撮り終えた。監督を乗せてホテルに帰ってきたとき、「監督、厳しいんですね」と言うと、「現場はああじゃなきゃだめなんだ」とのことだった。ものづくりの難しさとともに、スタッフの動かし方にはいろいろなコツがあることを痛切に感じた。

ある日、監督の奥さんである惠子さんとマネージャーが、わざわざ東京から差し入れに来てくれた。果物やおいしいものをたくさん持って、「みなさん、風邪を引いていませんか、元気ですか」と、スタッフ全員と俳優にも声をかけていた。

こうしてすべての日程を終えた。関係者や俳優のみなさんには、寒いところ、慣れない食事と慣れない環境で仕事をするのは大変だったと思う。そんなこともあって打ち上げのときはみんな、

高橋伴明監督。撮影に入ると顔つきがより一層きびしくなる

高橋惠子さんと地元のお手伝いの仲間たち

はめをはずしていた。ステテコ1枚で踊る人、歌う人、騒ぐ人、泣く人、笑う人などそれぞれであった。ものづくりが終わった後の感動はこんなものなのだな、という気がした。

こうして1カ月の撮影が無事終わり、平成13年、映画『光の雨』が出来上がった。斜里町のみなさんにお世話になったということで、最初にゆめホールでの上映となり、手伝ってくれた人や斜里町の関係者に『光の雨』を見てもらった。立松くんの汚名をそそぐこともでき、伴明さんの映画づくりの素晴らしさ、厳しさも教わった。

その後も伴明監督は、映画をつくるために知床へ何回か来た。袴田事件の映画では、冬、刑事が犯人を追っていくシーンがあるが、それも知床だった。

立松くん亡き後は、伴明さんに知床三堂の総代になってもらったので、恵子さんも忙しい時間をやりくりしてご夫婦で来てくれることも多くなった。20周年の記念式典には、恵子さんは快く、みなさんに花束をあげる役を引き受けてくれた。三堂の例祭の後片付けも、恵子さんと伴明さんはみんなと一緒になって手伝ってくれる。監督だから、女優だからというのではなく、仲間という意識がこんなに素晴らしいものだとは思わなかった。

知床のよき理解者だった菅原文太さん

俳優の菅原文太さんは、高橋公さんの紹介で知床にやってきた。『仁義なき戦い』や『トラック野郎』で有名だが、三堂のことをよく理解していただき、大きな灯篭を奥さんと2人の名前で2本、建てていただいた。

その後、日経新聞で文太さんの娘さんが働いていると聞いた。そんなことで、文太さんと日経の鶴田元会長は、知床では「文ちゃん」、「鶴さん」と呼び合っていた。その後、世界遺産になり、世界遺産フォーラムのパネラーとして自然の素晴らしさを語ってもらったり、知床の番屋にも行っていただき、素晴らしい海産物も味わっていただいた。

文太さんはもともと岐阜県の飛騨高山に住んでいたが、5年ほど前、農業をやるということで、山梨県の北杜市に引っ越した。そのときの話をお聞きしたところ、山梨は日本で一番耕作面積が多いが、みんな年を取って畑を耕せなくなってきている。そこで農業法人を立ち上げ、若い人たちと無農薬の野菜をつくって販売するとのことだった。そこで私はホンダのメーカーから耕運機を2台いただき、お付き合いしていたクボタからもトラクターを半年間、無料で借りられるようにした。私も、ワゴン車を1台寄贈した。文太さんの奥さんの文子さんはものすごく文太さん思いで、いつも2人で知床に来てくれた。そんなことで、10回、15回のフォーラムに出演していただき、素晴らしいお話を聞かせていただいた。

文太さんは、平成26年の11月に亡くなられた。翌年の3月11日には、東京の椿山荘で「菅原文太さんを偲ぶ会」があり、私も出席させていただいた。会の代表は東映の岡田社長で、文太さん

例祭の法要のときの菅原文太さん

いつも絵になる菅原文太さん。地元の女性に囲まれてもポーズはくずさない

が東映で三本柱の一人であったことをお話しいただいた。友人で、共に『仁義なき戦い』やいろいろな映画に出ていた松方弘樹さんは、「兄貴のような人で、最初は付き合いづらかったけれども、付き合えば付き合うほど若いものや、私の面倒を見てくれた」という素晴らしい挨拶もされた。

最後に奥さんの文子さんが、「みなさまへのお礼と、菅原が死ぬまでの話をしたい」ということでご挨拶をされた。文太さんは最後まで弱音を吐くことなく、男らしい死に方をしたと聞いた。奥さんも、これからは山梨で文太さんが始められた農場を引き継いでやっていく決意をしたようである。

文太さんは亡くなられる1週間ほど前に沖縄の県知事選へ応援に行ったが、そのときのビデオも上映された。そこでは文太さんが大きな声で、「政治家は国民を飢えさせてはいかん」と言って間が15秒から20秒空いた。その沈黙には、文太さんの積年の思いがぎっしりと詰まっていたような感じがした。続いて「戦争は絶対、しちゃいかん」。この二言で、会場は割れんばかりの拍手に包まれた。

その映像はニュースで見たことがあったが、あらためて、一流の人間は光るものが違うと痛切に感じたものだ。文太さんは、本当に天国へ行ってしまった。いま頃は立松さんと会って、「わっぺいちゃん」、「文太さん」と2人で私たちを見守っているのではないかと思う。

第3章

知床三堂への発展と例祭

今年で21回目を迎えることとなった知床例祭。この例祭の始まりに立松和平くんが大きくかかわっていることは前章で述べた。ここでは、知床毘沙門堂が建立されたあと、更に様々な人々との関係が広がっていき、聖徳太子殿ができ、つぎに観音堂ができた。さらに、法隆寺百済観音堂に知床のイチイの木を植樹する縁もいただいた。そうこうしているうちに、今度は京都仏教会との縁ができ、金閣寺・銀閣寺など京都の著名な寺にもイチイの木を植えることになった。

人の縁というのは本当に不思議なもので、最初はほんの小さな関係から始まったにすぎないものが、いつのまにか驚くほど大きな輪になっていく。それもこれも、やはり立松くんが取り持った関係者の方々の心の優しさが成せるワザだと思っている。

いま、日本の世の中はどちらかというと荒んでいる。格差社会という、とんでもない現象が固定化しつつあったり、いろいろな凶悪な犯罪もあとをたたない。いったい日本はこれからどうなるのか心配になる。

そんなとき、日本の北の果ての知床では毎年にぎやかな例祭が、全国からたくさんの人が参加して盛大に行われている。みんなが神妙に参拝したり、再会を祝しあったり、和やかに食事をしたりしている。この様子を見る限り、日本もまだまだ捨てたものではないと思う。

例祭の準備は例祭とともに設立された知床ジャニーの若者などが中心でやっている。やがて私たちの世代ではなく、私の息子たち、あるいは孫たちの時代になる。そのとき、知床三堂や例祭が後世に伝わっていれば、日本はもっともっと素晴らしい国になるはずだ。そして、若い人たちも、もっともっと頑張れると感じるはずだ。

この章では、例祭が取り持つ不思議な縁がもたらした活動や人物を紹介している。

1　聖徳太子殿建立

知床が世界自然遺産になった　―法隆寺高田良信元管長の発案―

毘沙門堂例祭が3年目を迎えた平成9年には、ユネスコの世界文化遺産にも登録されている法隆寺の高田良信元管長の発案で、同地に知床聖徳太子殿が建立された。ご本尊は法隆寺から遷座された「唐木の御影」と呼ばれているお姿の太子像だ。聖徳太子は、ご存じのとおり、かつての1万円紙幣でもお馴染みだ。太子殿の建立に至るまでも立松くんの新たな出会いがあった。立松くんが当時の法隆寺管長の高田良信さんとともに、茶道裏千家の青年の船の講師をして、2人とも日本から香港まで乗ったときに、その船内で立松くんが高田さんに「今度知床に毘沙門堂をつくって、7月に落慶法要をする」と話したことが始まりであった。「毘沙門さんはうちにもある。これも何かの縁だから私も行ってあげよう」ということで高田さんに来ていただくことになったのだ。高田さんが来られたときには、知床の海から山まで隅々にわたって見ていただいた。そうしたところ、その帰り際に突然、高田さんが町長に会わせてほしいとおっしゃったのだ。急なことだったが、とにかく知床の町長に会っていただいた。

高田さんはいきなり次のようにおっしゃった。「日本で一番先に世界遺産になったのは法隆寺です。ユネスコ事務局長をしていたドイツ人の方と法隆寺が話しあい、文化遺産として日本で最初の世界文化遺産を指定していただきました。自然遺産は日本に2つありますが、3つ目に知床を

聖徳太子殿のご本尊。奈良法隆寺から遷座された唐木の御影

推薦するべきです。私がユネスコの事務局長さんに手紙を送るから、自然遺産になるための準備をしなさい」と。こうした経緯があり、2つの段ボールに書類を詰め込んでユネスコに送ったのだ。これが知床が世界遺産に登録されるようになったきっかけだった。

知床の世界自然遺産制定については、「私が貢献した」「いや俺がやった」と言う人がたくさんいるが、それもこれも立松くんが高田さんをはじめいろいろな人を知床に連れてきてくれ、そこから生まれたことだった。

私は立松くんが亡くなって、知床での立松和平を偲ぶ会で次のように言った。「あなたはこれまで知床を宣伝してくれた。そして雑誌、週刊誌、新聞、テレビのニュースステーション、NHKのスペシャルも実現してくれた。そのおかげで、こうして多くの観光客を迎えることもできたし、そのおかげで知床は世界遺産にもなった」と。これは立松くんと法隆寺との関係があって初めて、知床が世界自然遺産になったというのを知ってもらうためだった。なぜ知床が世界遺産に選ばれたのか、それまで道議会議員やほとんどの人たちにもわからなかったはずだ。

私も立松くんも「世界遺産への制定は俺たちが努力してやったんだ」と言ったことは一度もない。しかし、私としては立松くんが亡くなって、霊前では正直に言ったほうがいいと思ったのだ。時の町長でもなければ、時の代議士でも国会議員でもない、知床とは縁のなかった立松くんがそういう道筋をつけてくれた。私たちみんなは、ただそこに乗っただけだ。それを、ぜひともみんなにわかってもらいたかった。

実は、こんな裏話もあった。北海道には知床よりも素晴らしいところがもっとあって、道や国としてはどちらかというと大雪山を世界遺産にしたかったという。「北海道の屋根だから道南にも道央にも東北海道にもつながるだろう」という計画のようだった。

知床の人たちは人の出会いを一番に考えている。知布泊村や三堂も含めて、地元の仲間たちやほかにもお世話になっているいろいろな企業の方がいて初めて成り立っている。いまの日本ではこういう関係はあまり見られなくなったようだが、だからこそ後世にまで残しておきたいと思っている。

2　法隆寺百済観音堂とイチイの木

法隆寺にイチイの木を寄贈

法隆寺の高田さんには毘沙門堂建立のとき、毘沙門天像に魂を入れていただいた。知床に来られたときには、ちょうど法隆寺では百済観音堂をつくっており、それが翌年オープンするとのことだった。そこで私は、「ぜひ、百済観音堂に、知床から一番上の位のイチイの木を寄贈したい」

と提案した。

そうしたところ、高田さんはわざわざお寺の関係者を連れて知床のイチイの木を見に来てくださった。そのときにこんな話がある。知床には当時、でんぷん博士として知られた平岡栄松さんという名物おじいちゃんがいて、その方はイチイの木の育て方がたいへん上手で、家の前にもご神木の素晴らしいイチイの木があった。平岡さんは「もちろんこの木はあげられないけど、ほかのものは何本かあげてもいい」と言うので、1〜2時間かけて現地を回ったのだが、高田さんは「やっぱりこの木はいいね」とその神木を指差した。

そこで3時間も4時間も「もらう」「買う」といろいろな話をして、とうとう平岡さんも根負けして、「わかった。じゃあ、うちのご神木を出そう。これに似たような別の木が俺の家の裏にあるから、佐野さん、重機を持っているなら、その木を掘って代わりに前に植えてくれ。そうしたら何年かかけてうちのご神木にする」と言ってくれたのだ。

しかも、知床の開拓に入って2代、3代にわたって育ててきたイチイの木を450本、法隆寺の百済観音堂の周りに植えることになったのだ。いまではそのうちの何本かは枯れてしまったが、ほとんどの木は枯れずにりっぱに育っている。

いまでは法隆寺の百済観音堂では、門を出るとずっとイチイの木が植わっている。平岡さんのご神木は、百済観音堂に行く道の斜めに曲がったところの角に植えられている。実生の木も法隆

冬の知床に来られた仏教関係者の人たち

法隆寺百済観音堂の参道に植えられたイチイの木。全部で450本を寄贈した

寺の裏庭に少し植えて、植木屋さんが入って少しずつ手入れして、いまでは百済観音堂の周りはほとんどイチイの木で覆われている。

こうした経緯については、これまでいっさい口外していなかったのだが、昨年、知床の地元にある斜里高校の生徒たちが修学旅行に行ったときに、法隆寺のガイドから「これは知床から来たイチイの木です」と言われて、生徒たちがびっくりしたとのことだった。たまたま知人で写真屋の大橋さんが修学旅行に同行していて、私がこういうことをやっているのを知っていたので写真も撮ってきた。日本で一番古いお寺の、まして一番古い百済の観音堂に知床のイチイの木が450本も植わっているのだ。自慢ではないが、これはきっと地元の人も驚かれることだろう。

ところでイチイの木を法隆寺に運搬するときのことだが、トレーラー28台で3回に分けて運んだものだ。そうして運んだイチイの木を、知床開拓時代の人たちの孫やひ孫が斜里高校に行き、奈良への修学旅行で、先祖が育てた木が法隆寺に植わっているのを見る。こうしたことがきっかけで、子どもたちにとって自分の住んでいる知床の良さがわかるだけでなく、先祖がかかわっているということが、ある意味で誇りになり、ステータスとなるのではないだろうか。その後、知床のイチイの木は京都にも植えられることになった。そんなことで知床の木がみんなに認知されるようになり、とてもうれしい限りだ。

知床観音堂と法隆寺大野玄妙管長

知床の観音堂のことを話そう。あるとき、法隆寺の大野玄妙管長（高田良信さんの後任）と立松くんが四国の八十八カ所に巡礼に行くことがあったそうだ。そのときにフェリーの乗り場で大野管長が言うには「法隆寺のご神体は本当は毘沙門天ではなく聖徳太子なんですよ。知床には聖徳太子があったらいいですよね。聖徳太子のご神体を寄贈しますので、知床に太子殿を建てませんか」と。さらに「毘沙門天は戦いの神様で、聖徳太子様は日本の憲法十七条にあるように、和をもって尊しとなす。人類皆平等である。職人の神様でもあり、学問の神様でもある。聖徳太子が一番先に手を合わせたのは観音様です。知床に観音堂があれば最高だと思うのです」ということで、大野管長と立松くんのたった一度の会話で知床に観音堂をつくることになった。それも、すぐさまとりかかることになったのだ。驚いたと同時に、なんというありがたい縁だろうかと目頭が熱くなったのをいまでも覚えている。

ところが、大野管長はそのときまで、まだ一度も知床に来られたことはなかった。観音堂を建てるといっても、現地のことを知っていただかないといけないので、急遽、来ていただくことになった。実はそのときに、京都仏教界の重鎮で金閣寺、銀閣寺、相国寺の管長も兼任されている有馬頼底猊下も知床に興味を持たれ、ご同行されたのだった。

ところで、その話が持ち上がったのは同じ平成11年の春のことだったのだが、その年の例祭に

観音堂建立にご協力いただいた大野玄妙管長

間に合わせようということになった。期間は2カ月ほどしかない。そのような短い期間でお堂を完成させるのは並大抵のことではない。ところが大野管長が、「屋根と基礎はそっちでやりなさい。本体は何とかしましょう」という条件がすぐに決まり、あれよあれよという間に、小さいけれどもログハウス風のお堂が出来上がったのだ。揮毫はイチイの木でつくり、字は大野管長に書いていただいた。こうして平成11年には、法隆寺の大野玄妙管長によって知床観音堂が建立された。観音様はどんな相手にもあわせて現れ、毘沙門天によって導かれるものは毘沙門天の姿で教えを説き、聖徳太子は観音化身上宮太子と申された観音さまの化身でもある。じつは観音さまというのは法隆寺から招来されたものとして伝わったものだ。

こうして、平成11年の例祭には毘沙門堂、聖徳太子殿、観音堂が揃い踏みしたのだ。この結果、知布泊は、まさに日本の聖地といっていいと自負している。なぜなら、この3つの堂がそろっているところは世界中どこを探してもないからだ。こうして、例祭は平成27年には第21回をむかえることになる。みなさん20年前と比べると、私も含めて明らかに齢を重ねてしまっているが、それでも毎年必ず知床に行けば会えることを期待して、年に1度は互いの元気な姿を見ることができるのはうれしいものだ。これから先、何年続けられるかはわからないが、知床という場所は何代も何代も、目に見えない神々によって引き継がれてきたはずで、人間も同じ自然の中にあるのだから、きっと歴史は引き継がれるに違いないと信じている。

いつも知床三堂の例祭は、午前10時からの東京下谷法昌寺の福島泰樹住職が管理する知床毘沙門堂での法要から始まる。続いて、知床聖徳太子殿では法隆寺大野玄妙管長による法要が営まれる。そして、最後の知床観音堂での法要は京都仏教会を代表する有馬頼底猊下により執り行われる。すべての法要のあとはふもとのふれあい広場に移り、来賓からの祝辞や挨拶がある。その後は和気藹々に懇親会となる。今年も大勢の参列者で盛り上がるであろう。

3　知床例祭がとりもつ人の輪

相国寺派管長有馬頼底猊下

有馬頼底猊下は80歳を超えるご高齢だが、いまでもたいへん元気でおられる。京都仏教会の理事長、相国寺派管長、金閣寺、銀閣寺のご住職、さらには承天閣美術館の館長としてご活躍だが、その有馬猊下との出会いは、法隆寺の大野管長とともに知床に来られたことがきっかけだったことはすでに述べた。そのときはほかにも、当時の金閣寺の山木執務長、銀閣寺の坂根執務長、清水寺の大野執務長をお供に7～8人の御一行だった。

そのとき有馬猊下が「ここは日本の聖地だ。いまは世界中がおかしくなっている。地球上に生きているみなさんが手を合わせて、自然を守り、戦争や災害のないことを祈る聖地にしましょう。私は、たとえ杖をついてでも歩けるうちは、ここへきてお参りしてあげますよ」と、突然言ってくださったのだ。多くの仏教関係者の方をお供に連れてこられた背景には、知床を京都仏教会あげて応援しようとの強い意志の表れだったのだろう。とてもありがたいことだった。平成23年の東日本大震災が起こったときも、こうしたらいい、こういうときはこうしてあげなさいと、いろいろとありがたいご提案をいただいた。いまでも毎年、例祭にはご参加いただいている。

例祭のときには知床だけではなく、いろいろな所を廻られるが、摩周湖に行かれたところ、霧がかかって湖が全く見えなかった。とても残念がっておられ、あきらめて帰ろうとしたところ、突然、霧が嘘のように消え去り、鏡のような湖面全体が見渡せ、中央にあるカムイシュ島もくっきりと見えたという。そのときに「これも自然の恵みです。自然に同じ日は二度とありません、これも縁ですね」とおっしゃった。有馬猊下がつねに自然の動きと共におられることがよく分かった次第である。

例祭でも、いつも参加者のみなさんと気さくにお話をされるが、近づきがたいというイメージはなく、つねに庶民の目線をお持ちの方で、それこそ人間の付き合いの原点なのだろう。だからこそ、京都だけではなく全国から信頼を得ておられるのだと感じた。

そうしたご縁もあって、平成16年、知床のイチイの木を今度は相国寺、金閣寺、銀閣寺、清水寺などに合わせて１１００本植樹することになった。その植樹の前日には、ご丁寧にも有馬頼底猊下が植樹の祝賀会をわざわざ開いてくださった。そのときもお寺関係の執事の方もご同席され、とても盛大だった。まさかそんなことまでしていただけるとは思ってもいなかったので、その心遣いはとてもうれしかった。

例祭はこうして20年以上も続いている。別に宣伝したわけでもないが、友人が友人を呼び、知人が知人を招くという口コミで、毎年、参加者が増えることはあっても減ることはない。日本の

京都仏教会あげて知床を応援していただいているが、有馬頼底猊下にはその中心となってご支援いただいている

高僧と呼ばれている方々が常時20人以上来られるのには、正直他の参加者のみなさんはびっくりしている。それもこれもすべて、立松くんによる人との出会いの賜物と言える。

日野西光尊中宮寺ご門跡

知床の例祭には何度となく来ていただいている日野西光尊さんは、奈良中宮寺のご門跡である。中宮寺は代々尼僧さんのお寺で、国宝の本尊である弥勒菩薩半跏思惟像でも有名だ。お年は85歳となられているがいつもお元気で、「文化と歴史は奈良・京都はたくさんあるが、自然は知床にはかないません」と、いつもにこにこ笑いながら優しくお話しになる。

日野西さんは法隆寺とゆかりが深く、平成23年の聖徳太子1390年の御聖諱法要のとき、奈良県斑鳩町で知床物産展をやることになったが、お隣にある法隆寺にご紹介していただいた。そのとき法隆寺の方や、小城町長ご夫妻、私たち知床から行った7名全員を、日野西さんのお寺での会食に招待していただいた。素晴らしい料理をごちそうになり、「奈良にはこんなにたくさんおいしいものがあるんだ」と私はびっくりした。

奈良に行くたびに、いろいろな料理をご馳走になるが、いつもそうやって私たちを気遣ってくださる。ほかにも、お寺の中をあちこち案内していただいた。帰りには必ず扇子や色紙をおみやげにくださり、感謝に堪えない。

日野西光尊ご門跡（前列中央）と仏教尼僧法団関係者。総代の頃の立松和平くん

平成26年に京都で行われた出版記念祝賀会

京都のホテルで行われた、日野西さんが30周年の思いを書いた歌集『御仏にいだかれて』の出版記念パーティーに招待されたときは、全国各地から日野西さんと交流のある人が600人以上も来て、出版記念パーティーと歌集の素晴らしさに驚かされた。

その後、奈良県斑鳩町の中宮寺中庭に歌人会津八一の歌碑建立記念があり、参加させていただいたが、会津八一は何度となく奈良を訪れ、奈良の寺などを歌にしている。

お寺では厳しく、一般の人にはやさしく、指導力があり、人と話すときはいつもにこにこしている。私が斑鳩へ行くと「佐野さん、よう来なさったなあ。本当に遠いところをご苦労さん」と、やさしいその一言が疲れを吹き飛ばしてくれる。そういう人だからこそ、全国各地から人々が日野西さんを好いて来るのだと思う。

日本経済新聞の橋渡しで、弥勒菩薩を新潟の美術館で展示することになった。その際、弥勒菩薩が初めて中宮寺から出るということで、「これは私の分身である。私も一緒にそこへ行って泊らなければならない」と言って出かけたと聞いている。

これからも日野西さんには元気で全国各地を旅して歩き、いろいろな出会い、いろいろな人との思い出を持っていただきたい。知床にもまだまだたくさん来ていただきたいし、奈良、京都、中宮寺のことを教えていただければありがたい。

清水寺森清範管長

清水寺の森清範管長に例祭に来ていただいたのは、平成16年の知布泊25周年記念、知床三堂10周年のときだった。私たちは知床世界遺産フォーラムを企画し、第1部の講演を森さんにお願いした。

森さんは京都仏教会に所属していて、このときは有馬猊下に口添えをお願いした。森さんと言えば、毎年12月に清水の舞台でその年に話題になったことを1文字で書く「今年の漢字」で有名だ。

清水寺森清範管長は年末の「今年の漢字」でもおなじみだ

その森さんの、世界自然遺産フォーラムでの講演が決まった。タイトルは「お寺についていて」だった。お寺の厳しさ、修行の厳しさ、お寺に来るみなさんをやさしく迎える気持ちのお話だった。

その中でこんな話をされた。あるとき寺の閉館時間近くになっても、ひとりの老人が寺の中に残っていた。「どうされましたか」と声をかけたところ、「お金を落としてしまって、家に帰る電車賃も夕ご飯を食べるお金もない」と言う。

それで寺に連れていき、ご飯を食べさせた。いろいろな話の中で、「俺もうちへ帰るとある程度の財産がある。今度お金を返しに来るときは、清水さんに寄付をする」という。森さんはあてにしないで、「それでは気をつけてお帰りなさい」と言い、帰りの電車賃とお弁当を持たせたということだった。

その後、何日たってもお金は来ないし、姿も見せない。それでも恨むことなく、「そういう人も世の中にはいる、そういう困った人に救いの手を差しのべるのがお寺の役割だ」という話だった。

そのほか、京都の清水の舞台の話、京都のお寺の話など、いろいろな話を1時間50分でしていただいた。あんなに大きくて有名なお寺にもいろいろなことがあるんだなと、北海道に住む私たちにも感じるところがあった。それ以来、清水寺からは、知床三堂の例祭に必ず3、4人の方にご出席いただいている。

フォーラムのあった年の秋、私と立松くんが「その節はお世話になりました」とフォーラムのお礼に手土産を持って清水寺へ行った。森管長自らが出てきて、「知床は素晴らしいところですね。知床三堂を次の世代がきちんと守っていけるように努力してください」という話だった。管長自らが書いた大きな色紙と扇子、清水寺の古材をいただいて帰ってきた。お礼に行ったのにとんでもないものをもらって帰ってきたと、立松くんと顔を見合わせた記憶がある。

それ以来、管長は公用で忙しく、有馬猊下と前から来られていた室長の大西さんに7、8年、来ていただいた。室長も忙しくなったので、いまは森部長と管長の息子さん、そして大西さんの息子さんたち4、5人で、毎年、例祭に来ていただいている。

清水寺と言えば山門から見る京都の素晴らしい街並み、そして舞台が有名だ。よくテレビや雑誌に登場するが、私も清水の舞台の反対側へ回って、舞台の高さや建築の素晴らしさを目の当たりにした。これからも京都仏教会を含め、清水さんともお付き合いをしていきたいと考えている。

私たちも、まだいろいろとわからないことがある。今後とも京都仏教会を始め清水さんにいろいろなかたちでご指導、ご協力を得なければ、知床三堂を守ることはできないと思っている。これからもよろしくお願いしたい。

京都仏教会とのご縁

長澤香静さんは京都仏教会の事務局長で、京都仏教会の方たちが知床例祭に来るときの取りまとめと、有馬頼底猊下の付き人として猊下のすべての面倒を見ている。私たちが京都と奈良にイチイの木を寄贈したときも、京都のホテルで会食させていただいた。

長澤さんが司会で、「この度、知床から京都と奈良に、3回に分けて1100本のイチイの木を寄贈されました。その感謝を込めて」と話された。京都仏教会のお寺さん20人ぐらいと、私の友人である京漬物西利会長の平井義久さん、私ども斜里から行った数人が、ホテルの大きな部屋で34～35人で会食をした。

長澤さんはいつも、「佐野さん、京都のお寺のことで何かあれば言ってください。できることはすべて協力します」と、私や立松くんが京都へ行ったときは、やさしく迎えてくれる。

長澤さんはいつも黒子を被り、京都仏教会の理事長や理事のホテルの手配、車の手配といったことを十数年やっている。京都の会食のときも長澤さんが司会をした。有馬猊下からは、「このたびは金閣寺、銀閣寺、清水寺、石清水八幡宮、東本願寺、西本願寺にイチイの木をいただきありがとうございました」というお礼の言葉があった。

イチイの木を納めたときは植木屋さんに形のいい木を選んでもらい、相国寺派の美術館へ行く一番メインの通りに、私と有馬猊下の2人で記念植樹をした。そのときも、美術館の2階でお茶と羊羹をご馳走になった。「このたびは知床からたくさんのイチイの木をいただきました」という有馬猊下の話があり、いつも長澤さんが横にいて、知らないことを教えていただいた。

ここ十数年、レンタカーのワゴン車に有馬猊下やほかのお寺さんを乗せて、長澤さん自らが運転して知床に来られる。

「音舞台」という、世界のミュージシャンのコンサートがある。ＪＡＬがスポンサーだが、「佐野さん、京の音舞台に来るときは言ってください」と言われた。私はまだ行ったことはないが、知人がぜひ行きたいというので手配をしていただいた。

いつも知床に来る1カ月前から、「日時、場所、時間はいつもと同じですね」という確認の電話が何度となく来る。私がいないときは、三堂の事務局にも連絡がある。本当にいつも手ぬかりのない手配をしてもらって、ありがたい限りだ。

こういう人たちが一生懸命やってくれて、三堂と京都仏教会の橋渡しをしていただいているのだと思う。これからも長澤さんにはいろいろと指導していただかなければ、知床三堂は後世につながっていかない。ぜひ私どもがわからないことのご指導をお願いしたい。

例祭が終わって、お礼に行けないときは長澤さんに荷物を送ることにしている。来ていただいたお寺の方に、長澤さんが「これは知床から来たものです」と配っていただいている。これからも末長くご指導をお願いしたい。

矢野さんは、相国寺派の教学部長だ。有馬猊下の塔頭で、いつも仕事をしやすいように付き人をしておられる。矢野さんにも長澤さんと同様、例祭に来るときにいろいろなかたちでお世話になっている。これからも長澤さん始め矢野さん、京都仏教会の方には末長いご指導とご協力をお願いしたい。

日本経済新聞社の協力を得て

日経新聞社の当時の鶴田卓彦会長がどこかで知床の話をお聞きになったらしく、問い合わせてこられた。日経新聞はご存じのとおり、経済と文化に力を入れている新聞だ。実際に来ていただいたところ、「すごい。こんなことができるわけがない。立松くんと佐野くんの2人はすごいことをしている。これから何かあったら日経が協力する」とおっしゃっていただいた。それが日経新聞とのお付き合いの始まりだった。

平成11年の例祭5周年では、第1回知床自然フォーラムを実施することにした。そのときは、知床はまだ世界遺産にはなっていなかったが、日経新聞の紙面で応援していただくとともに、フォーラムでの経費もご負担いただき、さらに日経新聞の歴代社長、会長がおいでになって挨拶していただいた。

知床が世界遺産になったときには、いろいろなかたちで知床を取り上げていただくとともに、その後の10周年、15周年、20周年と、3回に分けて全国版に例祭のことを取り上げていただき、資金面でもご協力いただいた。鶴田さんはそのとき大相撲横綱審議委員をされておられたが、最後には委員長に就任され、その後は日本経済新聞の代表取締役会長、経団連の役員もやっておられた。

鶴田さんの次の社長は杉田亮毅さんだ。杉田さんにも知床のことは受け継がれた。「これから毎年、ゲストを連れてくる」と言っていただいた。オリックスの宮内社長、大阪ガスの野村さん、ダイキンの井上会長、オムロンの立石さん、阪急ホールディングスの角さんのような、日本を代表する企業のトップをゲストとして、毎年、2人ほど連れてきていただいている。そういう人たちとの輪が広がり、毎年にぎやかな例祭が行われるようになった。

日経新聞鶴田卓彦元会長にははじめて例祭を支援していただいた

後継の杉田亮毅会長も全社あげての協力をしていただいている

杉田さんはその後、日経の会長になり、いまは日本経済研究センターの会長をされている。鶴田さんの後を追っているようだ。昨年からは、日本相撲協会の横綱審議委員もやっておられる。

杉田さんには一度、東京で一番はやっているというフランス料理レストランへ御招待された。たまたまうちの娘も東京にいたので「じゃあ、娘さんも連れておいで」と言われ、フルコースをご馳走になった。私はフランス料理のフルコースであれだけ素晴らしい料理を食べたのは初めてで、うちの娘も同じことを言っていた。

杉田さんには知床に6度も7度も来ていただき、奥さんにも来ていただいた。鶴田さんも杉田さんも、私どもの知床知布泊、知床三堂を深く理解していただき、たくさんの素晴らしいゲストを連れてきていただいた。例祭ではいつも裏で黒子を被り、私たちを引き立ててくれている。

杉田さんが会長を降りたとき、今度は平田会長が来られた。平田会長は、いつも日経の話と、自然と文化と経済の結び合わせの話をしてくれた。日本経済新聞は、経済はもちろん、文化面にもとても力を入れているということを3代の社長にわたって聞かされた。これこそ、まさに歴史を受け継ぐことなのだろうと、日経新聞の社是の強さには驚かされた。

平田さんもいまは会長だが、3人の日経の歴代社長、会長に共通するのは、みなさん温厚で人をよく引き立て、和を保つところだ。私にはないところで、とても教えられるところが多い。今後とも、日経とはいろいろなかたちで情報交換をし、私どもの知床知布泊村、知床三堂にご理解と協力をお願いしたいと思う。

影で支えていただいているアサガミ

「東京のドン」と言ったほうがいいのがアサガミ会長の木村知躬さんだ。私どものスポンサーをしていただいている日本経済新聞の鶴田さん、杉田さんがゲストとして来てくれたとき、私は「アサガミの会長さんが来てくれたんだ」と、軽くご挨拶をして終わっただけだった。その後、日経の杉田さんのところへお礼に行ったとき、杉田さんとアサガミ会長秘書の石橋さんと銀座で食事に招待していただいた。

いろいろな交流が生まれ、「今度法隆寺で１３９０年の式典があるから参加しませんか」と声をかけたところ、「ぜひ行ってみたい」ということで、木村さん、鶴田さん、杉田さんと秘書の石橋さんも来られた。例祭の聖徳太子の行列では、当時の民族衣装を着た１００人ぐらいの行列が本堂へ入り、拝礼をした。そのときは１３００人ぐらいが招待されていた。大瀬初三郎さんも私と同行していたが、木村さんが泊まっていた帝国ホテルに連れていっていただき、その日はホテルのなだ万のお寿司をご馳走になった。

何度となく木村さんとお付き合いさせてもらっているが、この方の素晴らしいのは人をもてなす気持ちがすごいことだ。上下、隔てのないもてなし方で、「もてなしが上手であることは、ものすごく商売のためになる」と教えてくれた。

もてなしのことでは、こんな話もしてくれた。「私はしょっちゅうハワイへ行く。ハワイに別荘があって、倉庫を何年も使ってくれている社長ご夫妻を招待した。人にわからないようにご案内し、飛行機の手配をして、私は1便先の飛行機で行く。ハワイの飛行場で迎えて車で別荘へ案内し、男同士はゴルフをしたり、いろいろな遊びをする。奥さん方はワイキキへ行ったり、ショッピングをしたり、1週間ぐらいご招待をする。そして、招待が無事に終わって帰るときには、必ず飛行場まで行って見送り、1便後の飛行機で帰ってくる」とのことだ。そういう気配りのできる、素晴らしいもてなしの方法があると聞き、もてなしの極意を聞いた思いがした。

その後も何度となく木村さんとはお付き合いがあり、私も盆暮れには何かを贈る。そうすると必ずお返しに、胡蝶蘭や私どもの田舎にはない花やおみやげを送ってくれる。また、私が東京にいることが木村さんの耳に入り、「佐野くん、今日はＪＡＬの役員と会食するけれども、きみが一人で来ているならどうだ」と銀座の割烹料理のカウンターでご馳走になったこともある。

木村さんの会社は倉庫業だが、東京の陰のドンと言われてもいいぐらい、大企業の社長や会長との交流がすごい。木村さんにはもてなしの気持ちを指導していただいたが、私どものような田舎に住む小さな会社の社長は足元にも及ばないという気持ちだ。これからも木村さんには何かあれば知床三堂に来てもらいたいし、今年は時間をつくって来てくれるという話である。

1年ほどお会いしていなかったところ、日経の杉田会長に聞くと病気をされたという。「お見舞いに行かなければならないでしょうか」と言うと、「逆に気を使うから行かないほうがいい。いい病院できちんと治療ができたみたいだ」という話を聞いた。これからは健康に十分注意されて、私どもの三堂に何度も足を運んでもらいたい。

知床の自然保護にも積極的なダイキン

知床が世界遺産になって、元日本経済新聞社社長の杉田さんが例祭にゲストとしてお連れくださったのが、空調設備で世界的に著名なダイキン工業株式会社の井上礼之会長だった。そのとき私と立松くんとで知床をご案内し、知床半島の番屋までご案内した。「佐野さんと立松さんがやっている知床三堂はもちろん、あなた方が知床の自然を守ろうとしていることにダイキンとして何か協力できないか」ということだった。

そこで、とりあえず知床の状況を知っていただこうということで、知床自然センターではガイドや自然保護にお金がかかって町は持ち出しの状況であることをお話すると、すぐさま約1億1000万円の大金を斜里町にポンと寄付してくださった。まさかそんなに早く協力していただけるとは思っていなかったので、本当にびっくりした。急遽、私と町長など6人で大阪にあるダイキンの本社を訪ね、社長、会長に役員室でお礼を言うとともに、今後も知床が世界遺産として多くの活動に取り組んでいく話をさせていただいた。それからは、年間、5回か6回に分かれて、15人ずつ知床にボランティアで来ていただき、木を植えたり、鹿に食べられないようにネットをかけたり、防風柵をつくったりして知床の自然を守っていただいている。

ところで、ダイキンでは毎年8月の月初めの金曜日に感謝祭をしているとのことだった。それなら私も協力しようということで、それ以来、オホーツクの流氷を15t持って行き、感謝祭の場に「知床流氷ロード」をつくっていただいている。ダイキンにとって空調はお手のものなので、透明のテントに空調設備を整えてもらい、そこに流氷を並べて、参加者には入り口から出口まで、私の撮った知床の流氷の写真をパネル1枚にして、本当に流氷が来たように見せて、実際に流氷を触る体験をしてもらっている。さらに、NHKや民放とつくった番組で収録したギーギーという流氷がきしみ合う音や、オジロワシの飛んでくるカッカッ、パッパッという音を流し、オジロワシやオオワシの模型も飾って、「流氷ってこうなんだ。自然の恵みってこうなんだ」というのを体験してもらっている。

感謝祭にはつねに3万人ぐらいの人が集まるという。来られるのはダイキンの社員の家族とか下請、関連企業の関係、地元の人たちなどで、それにプラスして世界中から新人研修のためにダイキンにやってくる研修生も参加する。感謝祭の1カ月ぐらい前から研修生には研修と同時に盆踊りも教えるという。研修生は言葉がわからなくても、チャチャンカチャンという盆踊りのリズムはわかるらしく、盆踊りで世界の新人との交流ができ、一つの人の輪ができる。あれほど大規模な盆踊りは国内でも類を見ないといっていいだろう。このように、ダイキンは人の育て方も素晴らしい。こうした積み上げで、「世界のダイキン」と呼ばれるようになったのだろう。

素晴らしいのはそれだけではない。近くの学校の絵のコンクール、工作のコンクールを支援するなど、子どもに夢と希望を与えることもずっとやっている。ダイキンのキャラクター人形を見ても、本当に子どもを意識したものばかりである。何度となく井上さんといろいろな話をしているが、やることの規模の大きさに驚いてしまう。

ところで、現代表取締役の十河社長は小樽商大の出身で、お姉さんが近くの標津で漁業と農業をやっていると聞いた。そんな関係で、ずいぶん北海道の話が弾んだものだ。

井上会長に教わったのは人のもてなし方、人との交流の仕方だ。自分はいまこの人をもてなしている、この人を接待しているということを露骨には見せず、わからないようにそっとやる。こういう気配りは、一般の人間だけではなく、企業もそうでなければいけないと教えられた次第だ。

関西「あうんの会」の協力

実は、井上会長の輪でさらに関係が広がった。関西の財界人を中心に「あうんの会」というのがあり、その会が井上会長の知床体験に乗じて来られたのだ。そのときの会の幹事は、オムロン

ダイキンの井上さんご夫妻とアサガミの木村さん（右側）

オムロンの立石さんご夫妻

の立石義雄会長と奥さんだった。奥さんはまめで、「佐野さん、このことはできますか」、「あのことはどうですか」と何回もお電話をいただき、ツアーの中身の検討をさせていただいた。それまでオムロンという会社のことや、立石義雄さんのことはほとんど知らなかったが、京都商工会議所の会頭をなされ、奥さんは東京に住みながら週末は京都に新幹線で毎週通っていることも伺った。驚いたのは参加者たちの名簿の名前だった。日本を代表する一流企業の社長、会長で、その中には当然ダイキンの井上会長ご夫妻もおられた。修学旅行で京都に行けば必ず買ってくる八ッ橋の西尾社長、オリックスの宮内さんなどなど、すべて一流の財界人だった。ホテルもエージェントも、日本を代表する企業のトップのご夫妻が来るというので、大変なことになったという後日談があった。

「あうんの会」で来られて、みなさんが無事帰った後、立石さんご夫妻と私のお付き合いが始まった。盆暮れはもちろん、私どもにオムロンの血圧計を10個も送っていただいた。奥さんから、「番屋の人は塩分を摂りすぎて血圧が高くなると思うので利用してくださいと言っておいてください」というコメントがあったので、早速番屋に送った。

オムロンといえば血圧計を思い出すが、ほかにもいろいろなハイテク技術を持っていて、九州にある身障者の施設の工場は世界でも優秀な工場とのことだ。身障者が働ける場をつくったのも、立石会長の会社が日本で初めてということである。

こういう会の人が知床に来てくれるのは宣伝という意味でもとてもいいことだ。今後もこういう人たちとの交流も深めていきたいと思う。こういう場をつくっていただいたダイキンの井上会長ご夫妻、オムロンの立石ご夫妻に心から感謝する次第だ。

京つけもの西利の熱心さ

京つけものの西利とは少し毛色の違った出会いと言えるかもしれない。というのは、私が日本青年会議所に属していたとき、そこでは「北方領土を返せ」ということで、全国的な北方領土担当委員会というのがあり、年1回必ず納沙布岬に行って決起大会をしていた。当時、西利の平井義久会長は専務で、日本青年会議所の副会頭、全国の北方領土担当委員長だった。その頃私は道東の北方領土担当で共に活動し、それから付き合いが始まった。

西利はいま、日本一の漬け物屋さんだが、その頃はまだ数人だったそうだ。いまでは京都市内の直営店だけで10店以上、全国のデパートの地下にはほとんど入っているという。

平井会長から教わったのは商売の秘訣だ。京都には昔からもっと大きな漬け物屋があったが、「いつか追いつき、追い抜くぞ。だから一生懸命真面目にやらなければいけない」ということで、平井会長はＪＣとか、いろいろなサークルに積極的に入っていったという。近畿のロータリークラブではガバナーもやり、ボランティアにも熱心で、自分の商売を客観的に見ながら、そこでできた人脈を利用したという。

私が聞いたときは、西利では毎週漬け物の研究を欠かさず、たとえば今週のテーマはキュウリの味噌漬けだとすると、この味はもう少しピリッとしたほうがいいとか、これはちょっと南蛮を入れたほうがいいとか、会長や社長が参加しないときでも毎週土曜日には必ずやっていたという。それがいまの商品のラインナップにつながっているのだと思う。

平井会長はたいへん広い心の持ち主で、あるとき私が、「同期でこいつは駄目なんですよ」と言っ

西利の平井会長ご夫妻と知床に寄贈していただいた灯ろう

たら、「佐野くん、駄目だといってもどこかいいところがあるんだから、そのいいところを伸ばしてやれよ。そこに協力してやることによって、そいつが立ち直るかもしれないぞ」と、いつも大きい器で人を見ている。だから企業もあれだけ大きく成長したのだと思う。

平井会長は平安神宮の役や八坂神社の総代も務められ、全国漬け物協会の会長など、いろいろな役もしている。奈良や京都では保存食というかたちで早くから漬け物の文化があったが、平井会長は漬け物のエキスパートと言っていい。

ところで、西利が販売しているカブやダイコンの漬け物は、知床の農家で1次加工をして京都へ運んでいる。そんなこともあって、西利との付き合いはいまでも深い。

奈良県斑鳩町での知床物産展

小城利重さんは奈良県斑鳩町長で、法隆寺のご紹介で知床三堂の例祭に一緒に来ていただいている。その後、聖徳太子1390年の御聖諱法要があり、私も法隆寺へ行った。記念式典には知床の思いを持って流氷15tをコンテナで運び、流氷を見てもらうようにセットさせていただいた。

その際、3日間で式典と物産展に10万人が訪れ、1回目の知床物産展開催にあたっては、小城町長ご夫妻には多大な協力と援助をしていただいた。知床からは7～8人の売り子と仲間が行ったが、「参加してもらうにはたくさんの経費がかかるから」と、自宅2階を開放して寝泊まりさせ

物産展会場にて。左から法隆寺の古谷執事長、本人、大瀬さん、日野西さん、大野さん、小城町長

知床物産展は斑鳩町をあげてのイベントになっている

ていただいた。夜には近くのレストランやうどん屋さんへ、何度となく連れて行っていただいた。物産展では斑鳩町に6回以上行ったが、奈良に行くたび、ご夫妻には大変お世話になっている。そのほか大阪のホテルに娘さんが勤務していたので、そこでの会食にも2度ほど招待していただいた。

物産展でびっくりしたのは、斑鳩町の一番大きな横断歩道に「知床物産展」の大きな横断幕が張られていたことだ。それが3箇所もあった。会場にも大きな横断幕、「知床物産展、流氷がやってくる」と書いていただいた。

町長ご夫妻は毎回、斑鳩町民、奈良県の知人、友人に電話をかけ、「知床のジャガイモ、鮭、筋子が来ているよ」と呼びかけ、たくさんのお客さんを招いてくれる。おかげで、毎回、ほぼ完売の物産展だった。

町長との会食のとき話を聞いてびっくりしたのだが、町長は斑鳩町にいるときは一番交通量の多い横断歩道で毎日のように旗を振り、交通安全を願っているようだ。そんなことを自分の目で確認できたこともうれしく思う。だからこそ、斑鳩町民の皆さんの信頼を集めているのだと思う。知床で5年ごとにやっている知床フォーラムにも参加していただき、歴史と文化、自然とのかかわりの話もしていただいた。

そんな町長も、大病をしたことがあると聞いた。大病してからも町長として斑鳩町の舵取りをし、斑鳩町の子どもたちを交通事故から守り、斑鳩町民の財産、命を守るために日夜奮闘していることには頭が下がる。

家が区画整理に入って新築されたときも、私どもの娘2人を泊めていただいた。これらからも奈良県斑鳩町と斜里町の交流を深めていきたいと思うので、ご協力のほどよろしくお願いします。

例祭やイベントで盛り上げてくれる仲間

伊藤多喜雄さんは北海道出身の歌手で、「ソーラン節」で知られている。彼も、法隆寺の大野管長や京都の有馬猊下との関係で知床に来るようになり、知布泊村の村民になってくれた。

何回か知床に来てもらったときに大瀬初三郎さんのところへ連れて行った。番屋ではクマをバックに写真を撮ったりいろいろなことをした。伊藤多喜雄さんも、「俺の知らない世界があったんだ」と感動していた。北海道へ来ると寄ってくれ、私が東京へ行ったときには食事をしたり、飲んだりしている。

そんな中、大瀬さんの親分であり、漁師の師匠でもある野上清蔵さんが詩を書いている、というのを大瀬さんが聞いてきた。野上のじいちゃんは、すでにそのとき90歳を超えていた。大瀬さんが入植したとき、一番先に誘われたのが野上清蔵さんだ。それで、「なんとか詩を歌にしてやりたい」ということで、「男の海」、「知床岬」、「乙女の恋」の3曲の詩を持ってきた。

だれに歌ってもらおうかと考えて、私は真っ先に伊藤さんを思い出した。「こういう詩を送るから、歌えるかどうかやってみてくれないか」と連絡した。「何とかいけるぞ」という話になり、「男の海」と「知床岬」は伊藤多喜雄さん、「乙女の恋」は別の人に歌ってもらうことでレコーディングが始まった。レコーディングには、お金がかかる。そこで大瀬さんと私が3分の1、野上のじいちゃんの息子が3分の1で約100万円を集め、「清蔵と多喜雄の知床」というCDを出した。

CDができたとき、野上のじいちゃんは104歳になっていた。「まだまだ詩は書けるぞ、書いたらまた多喜雄さんに歌ってもらいたい」という話だった。

私が、何とか伊藤多喜雄さんのコンサートを知床でやりたい、そこに野上のじいちゃんも連れてきてほしいと言うと、ウトロのグランドホテルの会場を提供してくれることになり、あの大広間にびっしりの人が集まってくれた。

ウトロでこういう大きなコンサートは初めてのことで、地元の人も喜んでくれた。そのステージに104歳のじいちゃんが車椅子で上がり、伊藤多喜雄との掛け合い、大瀬さんとの掛け合い、本当に素晴らしいショーだった。

例祭の20周年のときには野上のじいちゃんも来るというので、伊藤多喜雄さんにもフルメンバーで来てもらい、「男の海」、「知床岬」、「乙女の恋」を歌ってもらった。もちろん、「ソーラン節」も歌ってもらい、じいちゃんも舞台に上がって、トークもしてもらった。じいちゃんは大喜びで、

例祭懇親会で絶唱する伊藤多喜雄さん。民謡で鍛えた声は素晴らしい

相川七瀬さん。ヒット曲「夢見る少女じゃいられない」などでCDは1200万枚売れている

つねに相好を崩していたようだった。昨年、野上のじいちゃんは105歳と6カ月で急死した。すぐ伊藤多喜雄さんに電話したら、「佐野さん、いまコンサート中で行けないんだ、よろしく」ということで、私はお花と香典を届けた。

昨年の12月、斜里第一漁業協同組合の新築オープン落成式に、伊藤多喜雄さんのフルメンバーが来て演奏してくれた。次の朝、私と多喜雄さんとそのメンバーそして大瀬さんとで、野上清蔵さんの御霊前に線香をあげに行った。メンバーは、「おじいちゃんが急死するとは思わなかった」と、涙を流しながら線香をあげていた。残された詩もあるので、また多喜雄さんに歌ってもらいたいと思っている。

多喜雄さんは心のある人だ。京都での中宮寺の御門跡の歌集出版記念パーティーに来たときも、1000人ぐらいの前で、アカペラで「めでたいな、めでたいな」を歌ってくれた。気さくでだれにでも好かれる、だれとでも話を合わせる伊藤多喜雄さん。今後とも私どもの村民として、一生懸命お付き合いをしていきたいと思う。

相川七瀬さんと会ったのは、東京の三井さんの紹介だった。平成7年に「夢見る少女じゃいられない」でデビューし、CDもトータルで1200万枚を売っている。音楽活動だけではなく、絵本も出版し、小説も執筆している。また、岡山県総社市、長崎県対馬市、鹿児島県南種子町の赤米大使として、伝承文化の継承活動にも参加しているという。そんな彼女が、実は神社仏閣が好きだというのを知った。私たちが知床で三堂をやっていることに関心を持ち、そこから知床との付き合いも始まった。彼女は素晴らしい歌唱力の持ち主で、自分でも曲をつくっている。

彼女が例祭に来たときには、かならずアカペラで歌っていただいている。知布泊村民になったこともあるのだろうか、知床三堂をこよなく愛してくれ、灯篭も寄贈していただいた。テレビやコンサートで全国を走り回って忙しいと思うが、毎年、例祭に来ていただいていることに感謝する。今後とも知床をこよなく愛し、素晴らしい歌をつくっていただきたい。前回来たときは、知床の半島まで行った。クマを見たり番屋の料理を食べたとき、ものすごくフィーリングがわいて歌ができたみたいだ。大自然の中に立つ素晴らしい歌手であってほしい。

4　知床例祭の準備と仲間たち

知床ジャニー

ところで、毎年行われる例祭には、当然のことながら準備が必要となる。そのときに活躍するのが、有限会社知床ジャニーを中心とする仲間たちだ。この会社も、実は立松和平くんと立ち上げたもので、例祭と同じで設立からすでに20年たっている。つまり、1回目の毘沙門堂の例祭のときから会社があったわけで、設立当初はジンギスカンをやったりして参列者をおもてなししていた。しかし、例祭で全国各地から2泊3日とか3泊4日で、手弁当で来てもらうということで、みなさんに何かお応えしなければいけないと考えた。

東京に自然食品や無農薬野菜を売る大地を守る会というのがあり、いまは藤田和芳さんが2代目会長として活躍されている。ちなみに、初代は歌手の加藤登紀子さんの夫の藤本敏夫さんだった。その藤田さんとの関係で、立松くんは大地を守る会が運営しているアジア農民大学という私設の大学の学長をやっていた。高橋公さんも教授だ。そこでは無農薬の野菜や果物を提唱していて、ぜひ知床でも無農薬のものをつくって、それを大地を守る会に納めようということで、そのための運営組織として農業法人もつくろうということになった。

しかし、立松くんは立場上、農業法人を運営するわけにはいかないので、運営は農家に任せようということになった。ところが、農家の人たちは実際に40～50町歩の土地を持っているので、農業法人を運営するのは難しいということになった。そこで、農業法人も会社もあまり変わらないだけでなく、補助金も同じように出るということだったので、立松くんの命名で「知床の旅」という意味の「有限会社知床ジャニー」を平成9年8月12日に立ち上げることにした。出資者は私と立松くんの2人だ。

知床ジャニーでやろうとしたことは、有機野菜や有機果物の製造と販売だったが、そのほかに

準備に忙しい仲間たち。前日から徹夜で作業する人もいる

地元の若く美しい女性たちに囲まれて、チョット恥ずかしいかな！

も知床の地元の人を中心に運営しようということだった。

ジャニーをつくるときにお世話になったのが、現社長になっている羽田野達也くんだ。彼は、まだ佐野ボディ時代に20歳でアルバイトに来た。彼の家は優良農家でお金もあったそうだが、その後20年も、私のところでバイトで働いていた。その理由は彼の父親の持つ一つのポリシーだった。お父さんは開拓で5町歩の土地を預けられ、それを自分で開拓し、やがて結婚していまは家の周りに約50町歩の土地を耕すまでになった。羽田野達也は2代目である。その2代目に、お金がたくさんあっても働くことを惜しまないようにさせた。金があるから働かないのではない。金がなくてもあっても、働くという意味合いを父から教えられ、それを彼が理解し実践しているのだ。いつも真っ黒になって、がむしゃらに働く羽田野達也に、私はいまでも感動している。

知床ジャニーを立ち上げるとき、よし、こいつを社長にしようということで、農業法人にするか、有限会社にするか、道や農協へ行ってずいぶん相談したが、結局は立松くんと話して有限会社にすることに決めた。

知床ジャニーができてからもう20数年たつ。いまは大地を守る会と年間5000〜6000万円の取引をし、売上も1億以上になっている。大きな加工工場も建てた。業務用の冷蔵庫もあり、野菜ばかりではなく鹿肉などの加工もやっている。私たちが子どものときにおやつとして食べていたでんぷん団子も、いまは人気の商品として売れている。海産物では大瀬さんと協力して、サケ、イクラ、ホッケの開き、メンメの開きなどとともに、ホテルの食材もつくっておろすようになっている。

それと同時に、前述したように知床ジャニーは知床例祭の裏方部隊である。羽田野くんは相談役で、三堂の役員もやってもらっていて、親戚の羽田野靖くんが知床例祭の設営委員長となっている。なんといっても例祭のときの羽田野くんの行動力には驚くばかりだ。テント張りからいろいろな作業まで、リーダーシップを発揮しながらすべてをこなしていくのだ。ただし、彼にないものもある。それは、もう少し時間をかけてきれいに仕上げてほしいことだ。しかし、そんなことは言っていられないぐらい、その行動力と知識、能力は私にないものだ。いまだに、彼にはその働きで驚かされることがたびたびある。とても感謝している。

例祭準備の仲間たち

毎年、羽田野達也くん、靖くんを中心としただいたい70～80人ほどのメンバーが例祭の裏方を支え、地元知床の農業、漁業、商工業、漁協婦人部、農協婦人部の方々が協力している。新鮮な特産物をごちそうしてあげようということで、たとえば朝のうちにアスパラガスを取りに行って、それに生きたホタテをバターだけで焼いて出す。もぎたてのトマトを使った新鮮なサラダ。あるいは、昔開拓で入ってきた年寄りに教わったでんぷんだんごや芋だんご。おなかがすいた人もい

みんな一生懸命、懇親会の準備に忙しい

例祭の懇親会を終えて、立松和平くんや宗次郎くんもなごやかな雰囲気

るから、そば、うどん。そんなかたちで最初は素朴にやっていたところ、やがて仲間たちが料理を研究し、手の凝った手作り料理を出してくれるようになってきた。

なかでも一番苦労したのが牛の丸焼きだ。牛の丸焼きは肉を買って、1カ月半熟成させるのだが、2回ほど表面の白い皮をはがし、焼く1日前に山へ持っていく。そしてシャフトに刺して、バラ塩でもんで、牛刀を刺し、そこにオリーブ油を差して焼くと中からじんわりと焼きあがる。そうした技術についても、いろいろなことを研究しながら見よう見まねでやってきた。

タレづくりと焼き方と熟成を習得するのに4年間かかって、やっといまの味と食べ方ができた。牛をグルグル回して焼く機械も自分たちで考案し、いま使っているのは2代目だ。その機械は私の鉄工所で、羽田野くんがリーダーになって、うちの息子たちと一緒になって考えてつくったものだ。

例祭のときは、一睡もしないで準備してくれる人が5〜6人もいる。牛の丸焼きと同じように前日の2時頃から海や畑へ行って、海のもの、山のものをとってくる。それから、昆布締めとかサケのチャンチャン焼き、ホタテのバター焼きなどをつくりはじめる。ほかにもヒラガイあり、ポタージュやスープもあるが、すべて知床の食材だ。トウモロコシやジャガイモをゆでてバターで食べてもらう。そのほかにも開拓時代の料理がたくさん出る。

こうして、いまではメニューの数は30種類ぐらいになった。しかし、私はこれまで一度も、新しいメニューを考えてほしいとか、命令したことはない。すべて、仲間たちが独自に自発的に知恵を絞って考えだしたものだ。

みんな素人の集団だが、彼らは地元のものを使えばこれだけのものができるという自信を持っている。そんなふうに、懇親会は漁業の人、農業の人、青年部の人にも協力してもらってやっている。

その前からもきちんと準備をする。北海道の冬は厳しくて立ち木が凍って折れるぐらいだが、3週間前から清掃する。そして2週間前には草刈り、三堂の掃除をし、いまは三堂のほかにログハウスが6棟あるので、その整理整頓もする。

毎年6月末の日曜日に行ってきた例祭が、すでに20年も経ったのかと思うと、在りし日の立松和平くんのことがひとしお思い出される。いまから振り返ると、長くもあり短くもある年月だったが、これらもすべて立松くんなくしては実現しない日々だった。

第4章

走馬灯のごとく

70年近く生きてくると、いろいろなことがあり、いろいろな人と出会っている。そしてそれらはいろいろな思い出を残してくれる。嫌なこともあれば良いこともある。まさに、走馬灯のごとくである。

本章でも立松和平くんが登場する。それぐらい、彼とはいろいろな局面で一緒だった。そして、ここには知床例祭とは一味違う立松くんがいるのだ。

そのほかにも、スノーモービルで3回全国優勝をしたこと。そして、そのスノーモービルの技術を活かして人助けをすることができたこと。人助けについてはほかにも何人かを助ける結果になったが、これは私がそういう運命にあったのだと思っている。私自身が日頃からいろいろな人に助けていただいていると思っているので、困った人を助けるのは当然のことと思っていて、そうした気持ちが困った人に届くのかもしれないと考えたことすらある。

しかし、逆に死にかけたことが3度もあった。死にかけたというより、周囲からすると、よく生きて帰ってこられたという体験だったようだ。こうして生き残っているのも、何かの縁なのだろう。いまでも不思議な気がしてならない。

前書きでも述べたが、私は決して記憶力がいいとは思ったことはない、でも、過去のことを問われれば、思い出は湯水のようにあふれ出てくる。本章では、それをできるだけたくさん書きとめることにした。人にとっては嫌な感じがすることもあるかもしれないが、お許しいただきたい。

1　立松和平くんと

パリ・ダカール・ラリー

立松くんは当時、パリ・ダカール・ラリーに挑戦していた。どういう経緯があったかはわからない。彼は運動神経がいいかといえばどちらかというと悪いほうだ。しかしとにかく実際にトライしていた。最初に挑戦したときは2日目だったかに、車が壊れてしまい、直す人がいなかったためにリタイアしたという。

あるとき突然、「佐野さん、パリ・ダカ行かない」と例の栃木弁で言われたのだった。私が車関係の仕事をしているのは当然知っており、スノーモービルのチャンピオンだったことも知っていた彼は、私に白羽の矢を立てたのだ。前回失敗しているので、次はきちんとした整備士をつけてチャレンジしたいということだった。平成3年の末のことだ。

そうはいっても、世界のパリ・ダカール・ラリーである。砂漠の中を1日500km も600km も走るという過酷なレースだ。その距離は日本で言えば東京から大阪までだ。高速道路で行けば東京・大阪間は早ければ6時間で行けるかもしれないが、なんといっても砂漠である。雪の道は経験があるとしても、まったく違う環境といっていいはずだ。私としても初めての経験なので正直難しいかなと思っていた。しかし結局、整備士兼サブドライバーのようなかたちでついて行くことになった。自信はなかったが、まあなんとかなるかもしれないという、いつもの前向きな性格がOKを出したのだ。

さて、いよいよパリ・ダカが始まった。確かにきつい。いや、きついというか、最後には頭が朦朧として体がついていかないのだ。私はメカとしての役割だったので飛行機で移動することもあったが、とにかく日中は暑くて寝られない。それでも夜の9時とか11時になると車が到着するので、翌朝7時にスタートするまでに全部整備しなければいけない。部品がなければ借りてきたり、燃料もその都度買ってきて入れるのだ。

人間というのは何日も寝ていないと、寝不足で神経がまいってしまい、まるで雲の上を歩いているみたいになる。ちょうどアフリカのど真ん中のアガデスという人口10万ぐらいの都市で2日間の休養があったのだが、そのときに立松くんから「お前は精神的におかしい。睡眠薬をやるから、これを飲んで寝ろ」と言われた。10時間ぐらい寝たらスカッとして、それからも1日寝ないで2台の車を修理したり、セットしたりしていた。ほかにもいろいろなことがあったが、なんとかダカールまでたどり着いてゴールインすることができた。ゴールの瞬間、男同士2人で抱き合って、「良かったな」「やったな」と。それしかほかに言うことはなかった。言葉なんかいらないぐらいだった。

本当に、命がけのパリ・ダカが終わったのだが、知床に帰ってからも食べ物が喉を通らなかっ

パリ・ダカールラリーのとき。本人はあまり寝ていないので少し眠そう

ヒゲぼうぼうの本人。かなり疲れているけれど……

た。おかげで12kgやせてしまった。しかも、2週間たったときに奥歯が4本とも抜けてしまった。いまとなってはいい思い出となっている。もういちどやれと言われたら、即座に断るだろう。

立松くんはのんびりしたような小説家のイメージで、みなさん地味な感じだと思うかもしれないが、彼は私と知り合う前に、すでにチームスバルでナビゲーターとして香港—北京ラリーに出て優勝している。そのことは彼の『地上の翼』という本に詳しく出ているが、我慢強いというか、そういった面ではとても忍耐力がある。

私は立松くんと知り合って周囲を180度見られるようになった。人生観の勉強、人との付き合い方、それから人が困っているときに自分は何ができるのか、そういったことを、知らず知らずのうちに教わっていた。パリ・ダカはそうしたなかでも、大きなウェイトをしめる体験の一つだった。

イギリス・スコットランドの旅

それから何年かした平成7年、イギリス・スコットランドを車で縦断するという企画があり、参加することにした。パリ・ダカに参加したときは日産の車を使い、今度はスバルのレガシーのヨーロッパ仕様だった。ホンダの所長をやっていたのにホンダの車を使っていないのだが、決してホンダが悪いというわけではなく、行きがかり上なので仕方がない。立松くんと広報車を担当する人たちとともに参加することにした。

ロンドンで打ち合わせをし、いざ出発。一路、スコットランドへ向けて3000㎞の旅である。道路を走ってびっくりしたことがある。それはイギリスの交差点はラウンドアバウトという仕組みで信号がないことだ。交差点はロータリーになっていて、円を左から回転していって自分の行きたい方向へ出る仕組みになっているのだ。

山間部はイギリス特有の素晴らしい景色だ。あちこちに石垣で囲まれた牧場があり、そこには羊がたくさん放たれていて、のんびり草を食べている。車の調子もすこぶる良かった。みんな喜んでいたようだ。途中で何泊かしたが、パリ・ダカと違って、泊まるところはいつも素晴らしいコテッジだった。夕食も素晴らしい。気候風土に合った食べ物、飲み物がたくさん出てきた。パリ・ダカのような苦しみは全然ない。まるでツーリングのような素晴らしい旅だ。

立松くんと、「パリ・ダカを思えば、イギリス・スコットランド縦断は天国だ」と何度となく話したものだ。確かに、パリ・ダカは命がけで、いろいろと苦労もし、12kgも痩せたのだから。今回は逆に太る気さえした。

やがてエジンバラに着いた。ちょうどエジンバラ・フェスティバルをやっていた。祭りは1週間ぐらいとのことだ。スコットランド特有の衣装をまとい、アコーディオンを持つ人、クラリネットを持つ人、長い笛を持つ人が町を練り歩く。それを横目で見ながら、まずセントアンドリュースへ行った。

セントアンドリュースで広報室長が言った。「ここまで来てゴルフをしない手はない」。そう、セントアンドリュースはゴルフ発祥の地だ。イギリス・スコットランド縦断が終わったらここでゴルフをしようということで、すでに予約をしていたようだ。

そして、すべての撮影、縦断が終わり、セントアンドリュースのホテルに宿泊した。夕飯を食べていたら、次の朝9時のセントアンドリュースの本コースが2組取れたとのことでゴルフをすることになった。

立松くんのゴルフ体験

セントアンドリュースはエジンバラの向かい側にあり、ゴルフ発祥の地でもあった。もちろん、ゴルフの名門コースがある。そこに彼を誘うと、「僕はゴルフ場誘致に反対の立場だ。自分の実家の栃木県もゴルフ場ばかりになると、これが崩壊したときに木が残らないで荒れ地だけが残る。だから反対したんだ。ゴルフはできないし、やったこともない」と言うので、「何を言っているんだ。セントアンドリュースはゴルフの発祥の地だよ。ここでゴルフをしない手はないぞ」と。少しい強引だったけれども、私としてはぜひ立松くんに新しい経験をしてほしかったのだ。

スポンサーで共について来た出版社や雑誌関係の人も、「ぜひやりましょう」と言うので、立松

イギリス・セントアンドリュースのゴルフ発祥のコースにて。初めてのゴルフ体験をした立松和平くんとの思い出深いシーン

くんはしぶしぶゴルフをすることになった。そうはいっても、ゴルフは難しい。案の定彼が1打目を打とうとしたら空振りで、何度やってもそのへんに球がコロコロと転がるだけだった。すぐに素人だとわかるので、ゴルフ場のレッスンプロが「これでは本コースには入れられないよ」と言うのだ。すると彼は、とてもカッコいいことを言ったのだ。

「僕は、ゴルフは今日が初めてだ。日本の国ではゴルフ場誘致に反対している人間だ。でも、仲間がやるのに僕がいつまでも付き合わないわけにはいかない。僕はどちらかというとイギリス魂を習いに来たんだ」と。そうしたらレッスンプロがすごく気に入って、では、ということで18ホール全部教えて回ってくれたのだった。結局、立松くんは200ぐらいたたいて上がってきたのを覚えている。

この話にはさらにオチがあって、ゴルフ場誘致に反対しているのでこんなことが週刊誌に見られたら困るからといって、彼はほっかぶりでコースをまわったのだ。イギリス人はみんなニッカボッカで、ハンチングをかぶってやっているので、立松くんだけ異様な姿だった。彼なりの主張の仕方なのだろうが、いま思い出しても笑える話だった。

ゴルフをして、帰りはエジンバラでフェスティバルを見て、その後、ピーター・ラビットの湖水地方へ行った。ピーター・ラビットの作者のおばあさんが、丸太小屋の前で猫の額のような畑を耕し、羊を飼って、いまの湖水地方のような立派な施設にしたという歴史と文化を学んだ。立松くんは一生懸命にノートを取り、帰国後、『イギリス、スコットランドの旅』というタイトルで雑誌に掲載していた。

そのときの仲間とは、いまでも付き合いが続いている。遠雷忌にも来てくれるし、たまには電話も来る。担当者もいまでは編集局長になっていた。

ソーラーカーレース

平成6年、パリ・ダカから帰ってきて、もうハードなことはやめようと2人とも思っていたのだが、今度は朝日ソーラーカーレースというソーラーカーのレースがあった。「これはいいことだ」と言って参加しようとしたら、京セラさんのチームで、「チーム知床」というかたちでレースに参加させていただくことができ、立松くんと一緒に走った。

ソーラーカーで最終的には全国を制覇した。私としては知床を世界遺産にしたいということがあったので、PRのつもりで特別許可をもらって公園線でソーラーカーを走らせた。斜里にある2つの小学校に実用の4人乗りとカブトムシの形をしたものと2台持って行き、生徒に見てもらった。

そのとき立松くんが校庭で講演をした。「みなさん、立松和平です。今日は未来の乗り物を持ってきました。あなた方が大人になったときは、環境に優しい乗り物でなかったら地球はだんだんやせこけて、栄養がなくなって、沈没してしまいます。みなさん、手を頭にあててごらんなさい。何となくほっこり温かいでしょう?」と言った。すると生徒たちはみんな「温かいです」と言い、

「今日照っている太陽の恵みは、頭のいい子も、悪い子も、勉強のできる子も、できない子も、おじいちゃん、おばあちゃんも、オギャーと生まれた子どもにも平等に与えられる。それを生かすか、育てるか、殺してしまうかはあなた方が大人になったときの行動にかかっている。だから自然の恵みを大切に使おう」と。この話は子どもたちにとっても感動的だったようで、たった10分か15分で子どもたちをグーッと引きつけた。

全員がソーラーカーに乗りたいということになったが、時間的にも厳しかったので、3人ずつ乗せて、私と立松くんが交代で運転してグラウンドを1周して100人ぐらい乗せることができた。一人乗りのほうは私が乗って、「こうやってソーラーレースをやったんだよ」と、子どもたちに見てもらった。

法隆寺での行

法隆寺は日本で初めてユネスコの世界文化遺産に登録されたが、そのときの管長は高田良信さんだった。大野さんは執務長の頃で、事務方として大変ご苦労されたと聞いている。大野さんは平成10年に第129代管長に就任された。そのときから、私どもや知床では大変お世話になっている。

大野さんが初めて知床に訪れたときに、「佐野さん、立松さんも1月には法隆寺で金堂修正会という行をしているが、あなたも参加されてはどうか」と言われた。その行は1月の7日から1週間だ。私は少し迷った。これまでお寺で行などしたことがないので、迷惑をかけるかもしれないと思ったからだ。金堂修正会の行への参加のことで、立松くんと連絡を取ったところ「なかなか経験できないことだし、日本の歴史や文化を知る上でも、ぜひ参加したほうがいい」と言われ、勇気を奮って参加することにした。

不安だったが、行に必要な衣類などを用意し、奈良の冬はたいへん寒いとも聞いていたので、いろいろと準備をして法隆寺に向かった。立松くんとは法隆寺の南大門の前で待ち合わせをし、いろいろと行の話を聞き、粗相のないように臨んだ。

いよいよ行が始まった。緊張感でいっぱいだった。しかし、お寺の方たちは私が初めてだということもあって、とても親切に、着る物や履く物なども懇切丁寧に教えてくれた。まるで、私が子どもの頃に小学校に入ったときのような優しく温かい感じだった。

私と立松くんは、お寺の方が修行をするのを助ける小坊主のようなかたちで入ることになった。朝4時半には起きて食事の準備をする。おもち、野菜の煮つけ、ごはんなどをリヤカーに積んで食事をするところまで持っていく。そのあとで本堂に向かうが、大きな由緒ある板の扉をギギギとあけると、まだ中は真っ暗だった。そこで、ろうそくに火をともすのだが、菜種油を小さな皿に次々とついでいき、そこに着火マンで火をつけていった。昔は火打ち石で火を起こしたとのことだ。最初は暗くて不気味な感じだったが、堂内が徐々に明るくなっていくと、菜種油から煙も立ち上り、火も揺れていて、ある種幻想的な感じがした。さらに明るくなると、堂内にあるたくさんの壁画や仏像がゆっくりと浮かび上がってきて、それはそれは素晴らしく二度と経験できない光景だと思った。

運び込んだ食事をそれぞれに並べ、その準備が終わるとみなさんのいる塔頭に戻った。次に、私と立松くんは提灯を持って先頭に立ち、1列に並んだみなさんを本堂まで先導した。本堂に着くと、最初に管長が拝礼をして本堂に入った。その後に続いて、みなさんも足袋をはき替えるなどして入っていった。管長が一番前にすわり、みなさんもそれに続いて座ると修行が始まった。

修行の途中で菜種油の火が消えると、すぐさま私と立松くんは行って火を改めてつけた。修行は50分ぐらい続き、終わると私たちは火を消し、今度はみなさんを食事の場所に案内する。食事の場所に着くと、みなさんがそれぞれの場に座られ、管長の一言があって食事が始まる。私と立松くんは一番隅の席で、同じように食事をした。私には、初めて食べる精進料理が珍しかった。食事が終わると、管長の一言があって、みなさんそこから退出した。

つぎに、みなさんは持参してきたそれぞれの衣服に着替え、今度は法隆寺の歴史や修行のことなどを座学のようなかたちで学んだ。そのあとは自由時間で、立松くんは今日のことをノートにまとめていた。私は1400年の歴史のある境内を歩いた。境内はとても広く、それでも行くところはすべてきれいに掃除がされていた。

11時頃になるとお寺に戻り、昼のお勤めが始まった。全員が大功名堂に集まり、そこで1時間近くみんなでお経を読んだ。私はお経を空で唱えることはできないので、お借りしたお経の本を見ながら、みんなに合わせて読んだ。それが終わるとお昼ごはんの時間となり、またみんなで朝食を食べた場所に集まって、全員で食べた。昼ごはんはうどんやそば、お漬物、おしたしが出た。食事の後は、みなさんそれぞれの業務をこなした。

私と立松くんは、知床から寄贈したイチイの木を見に行ったり、法隆寺をくまなく探索した。法隆寺も戦後火事があってたいへんだったとのことで、山の上には大きな貯水池を設けたとのことであった。年に1回消防訓練があるそうだが、そのときは貯水池からも水を出すそうで、そのときにはスプリンクラーから水が噴き出すように法隆寺全体にかかるとのことだった。このようにして、国宝を守っているのかというのがよくわかった。

夕方からまた修行が始まり、ようやく夜になると修行が終わるが、そのときには今日の反省や明日からの修行のことが話された。就寝時間は夜の9時となっていて、みんなで寝る。

私にとっては初めての体験だった。日本の歴史と文化がこうしたかたちで守られていることを痛切に感じた。1週間の修行の最後の日に、本堂の欄間が開けられ、みなさんが、中を初めて見ることになる。みなさんは、やがては全国のお寺の住職になられる方だという。

金堂修正会の行を終え、斜里に戻ると、私は家族に自分が法隆寺でしたことを話した。お袋からは「お前、それはとても貴重な体験だった」と言われ、本当に日本の文化と歴史には深いものがあるなと感心した。今度、同じような修行があれば、積極的に参加しようと思ったものだ。

奈良の法隆寺をはじめ、京都からも著名なお寺の方々が知床の例祭に毎年数十名単位で来ていただいている。日頃は奈良や京都でも決してお会いできない高僧の方々だが、知床の例祭では一堂に会していただいている。その意味では、たいへんありがたいことだ。

大野管長からは「聖徳太子没後1390年の式典があるので、ぜひ来てください」と誘われた。平成23年のことだった。こうして知床の物産展を法隆寺南大門の前にある駐車場で3日間やることになった。4tトラックを2台使って、知床の新鮮な野菜や海産物をもちこんだ。

それとは別に、なんとか知床をもっと知ってもらおうということで、山門の一番いい場所の左右に10tずつ流氷を置くことにした。夏は暑い奈良だが、みなさん流氷に触って、一時の涼を楽しんでいたようだった。それだけではなく、流氷についても「流氷はロシアのアムール川が凍って、それがオホーツク海を渡って日本に流れてくる」といった説明パネル写真も展示させていただいた。

流氷は3日間でも溶けなかったらしく、それを今度は近くの幼稚園などにも展示したとのことだ。それも偏に大野管長の心遣いである。また、大野管長から言われることは「佐野さん、三堂のことはこれからも後世に伝えられるように、いまのうちから準備してください」とのことで、いま、関係者でこれからどうするかといったことを議論してるところだ。これからも奈良と京都の仏教界の方々と知床との絆をしっかりと強くしていき、貢献していきたいと思う。

立松和平くん死す

立松和平くんが亡くなった。

立松くんは毎年のように、1月の1週間を法隆寺での修行に参加していた。私もこの行に参加していたのが、平成22年はたまたま行けず、立松くん一人が参加していた。彼はその行の最後の日に風邪を引いたようで、行が終わると同時に大阪へ出て大阪のホテルで1泊し、次の日、新幹線で東京へ戻った。

人に弱音を吐くような男ではなかったが、その日は奥さんに「風邪を引いてどうしても調子が悪い」と電話したという。実はその前に高輪の総合病院でバイパス手術をしていた関係もあり、品川で降りて高輪の病院へ奥さんと2人で行ったところ、肺炎とのことで入院治療が始まった。

奥さんから聞いてそのことを知ったが、それはたまたま亡くなる1週間前のことで、ちょうどホンダの会議があって東京へ行った。タクシーで病院へ駆けつけ病室へ入ると、立松くんはベッドに寝ていて奥さんが横にいた。立松くんはベッドから起きあがって身体をずらし、私にベッドの裾に座れと指示した。立松くんに寄りそうようにしていろいろな話をした。

20年間、2人で10億円ぐらいのスポンサーのお金を、パリ・ダカ、イギリス・スコットランド、ソーラーカーに使った話もした。そのほかにも「ニュースステーション」の話もした。数えると、生中継が7回、録画を入れると全部で29回だった。

知床に素晴らしい仲間ができ、正月の「ニュースステーション」では知床の港から生中継をし、次の日は日の出の港からも生中継をした。素晴らしい映像が撮れた。港へ行くと流氷がなかったが、「ニュースステーション」の本番が始まる1時間前から温度が急に下がり出し、港の中は蓮氷でいっぱいになって、ビリビリ、バリバリと見る間に凍っていった。そこに牡丹のような雪がぱたぱたと降ってきた。立松くんはいつもの語り口で、「久米さん、いま見えますか。今日、日中、私たちがこの港に来たときは、青い海で雪もあまりなかったんです。本番1時間前に、蓮氷や牡丹雪が降ってきた。知床には一番いい冬の季節がやってきたんだよ」という生中継だった。

そんな話を、ベッドの横で30分ぐらいしただろうか。そして、「すぐ元気になって知床へ行くよ。そのときは知床三堂を始め、知床知布泊のことをいろいろ検討しよう」ということだった。長居をすると病人に悪いと思い、「僕は帰るけど、すぐによくなってくれよ」と言ったら「うん、わかった」と頷いた。

私が立松くんのベッドをあとにしてドアを開けたときに振り返ると、立松くんはまだベッドで起きていた。まるで皇太子か天皇陛下のように手を小さく、ゆっくりと振っていた。目はぎょろりと開いて、私のほうをじっと見て頷きながら、まだ手を振っていた。「じゃあ、また来るよ」と言って別れた。

奥さんがあとを追うようにしてやって来て、玄関まで送ってくれた。「奥さん、大事にしてあげてください。また来たら寄ります。元気になったらまた知床に来てくださいね」。それが、立松くんと私との最後の別れであった。

彼が死んだ2月8日、私はいつものように斜里で仕事を終え、家に戻った。6時30分頃だったろうか。リーンという電話が1本入る。高橋公さんからだった。「佐野くん、わっぺいが亡くなったよ」。最初は、何を言っているのだろうと思った。でも、1週間前、私が病院へ見舞いに行ったばかりではないか。ハムさんは「信じられないんだよ。俺、これから病院へ行って自宅へ寄るよ。福島さんと行くよ」といって電話が切れた。

私は家の中をいつの間にか歩き回っていた。なんであいつが、なんで、なんでと思った。立松くんとこの30数年間やってきた「ニュースステーション」、パリ・ダカ、イギリスのスコットランド縦断、ソーラーカー、自然保護運動、知床の世界遺産、彼が本に書いて有名になった足尾鉱山の話など、いろいろなことが頭の中を駆け巡った。

その日は夕ご飯も食べる気がせず、そのまま布団に入るがなかなか眠れない。仕方なく起きてはうろうろし、そのうちに夜中になり、朝方、少しソファで寝たようだった。いてもたってもいられなくて、一便で東京へ向かった。立松が死んだんだ。早速、福島さんとハムさんに会った。

葬儀を終えて斜里へ戻り、後日改めて青山斎場でしのぶ会をやることになった。

しのぶ会は北方謙三さんが葬儀委員長で、業界、雑誌業界の人はもちろん、多くの知人や友人が参加した。有馬頼底猊下や法隆寺の大野管長もお話をしてくれた。最後に立松くんにお別れの言葉を述べた。有馬猊下は、「佐野くん、お別れの言葉、きみのが内容があって一番よかったよ」と言っていただいた。決して格好をつけたわけではなく、ただ自分と立松くんがやってきたことをすべてそこで、洗いざらい話したかっただけだ。

その後も知床のグランドホテルで、例祭前に「立松和平をしのぶ会」をやった。その席で、私は大きな声で言った。「立松くん、あなたは知床に大きな財産を残してくれた。それは何かと言うと、知床世界自然遺産である。決して町や道や国がやったのではない。すべてあなたが道をつけ、法隆寺の管長に教わったことを全部やって、その資料を行政がまとめただけである」。

話し終わると何人かの方が寄ってきて、「さっきの経緯はどうなの」といろいろなことを聞いてくれた。元を正すと、法隆寺の管長だった高田良信さんが毘沙門堂に魂を入れにきてくれたときのことだ。「日本で一番先に世界遺産になったのは法隆寺である。法隆寺は文化遺産だが、ここは自然遺産にするべきだ」という話が、そこから始まる。

その年はいまの大野管長を始め、法隆寺にはいろいろなことを教わった。どうやったら自然遺産になるかを当時の町長に話し、そこから世界遺産がスタートしたことを記憶している。

知床毘沙門堂内にてのツーショット

立松和平くんを偲ぶ「遠雷忌」。福島住職の法昌寺で毎年2月の第一土曜日に行われる

本当によき友、よき仲間を失ったことで、自分の心にぽっかり穴が開いた感じだ。いまでも自分の携帯には、彼の携帯番号を残してある。いつか彼から電話がかかり、「佐野くん、あさってからまた知床に行くよ。ホテル佐野は空いているかね、予約できるかね」などという電話がかかってくる気がする。

いまは天国で菅原文太さんと会って、2人で知床三堂、知床知布泊村が後世に残るように見守ってくれていると思う。

私にとって立松和平くんの影響は大きい。彼と出会わなければ、私はいまだに好き勝手なことを、他人の迷惑も顧みずにやりながら生きているかもしれない。私にとっての立松くんは、まさに運命の出会いといっても言い過ぎではない。ご本人はそうでもなかったかもしれないが、まさか彼にそんなことを訊くような野暮なことはしなかったが。

2　知床を紹介する

ニューヨークフェスティバル映像部門シルバーサンクス

いままでテレビ、雑誌の取材はかなりこなしてきた。そんななかで、素晴らしい賞をもらったことがある。平成14年の第45回ニューヨークフェスティバル映像部門でシルバーサンクスをいただいたのだ。これは映像部門のコーディネーターに与えられる賞で、ＨＴＢの「知床悠久の半島《しま》」という、知床の春夏秋冬の映像での受賞だった。これは森繁久弥さんが88歳でナレーションを入れてくれた作品である。

その作品では、ディレクターの吉見さん、カメラマンの石田くん、助手の3人が、1年半、知床の春夏秋冬を写した。私は自分が知床について知っているすべての情報と知識を提供したつもりだった。とにかく無我夢中でいろいろなものを撮影したのは確かだ。

作品の最初は知床峠で、国後から上がってくる朝焼けがオープニングだった。冬眠していたヒグマが親子で穴から出てくるところも写すことができた。これが撮影できるのはほとんど不可能と言っていい。クマではほかにも、親子が木に登るシーン、秋にブドウを採っているシーン、川でサケを獲っているシーンも写すことができた。ほかにも、オジロワシとオオワシの巣や、知床半島では水面いっぱいに群がる渡り鳥など、知床の知識だけではなく、運にも恵まれないと撮れないシーンが多かった。それだけで、素晴らしい作品になると確信できたぐらいだ。

こうして映像が出来上がり、最後にプロデューサーから「ナレーションは、できたら知床にふさわしい森繁久弥さんにやってもらいたい」ということで、なんとか森繁さんをくどき落とすことができた。当時、森繁さんは88歳だったと記憶する。森繁さんは、知床を有名にしてくれた第一人者である。「地の果てに生きるもの」という映画の撮影に来て知床の深い思いに会い、映画の撮影後に「知床旅情」を歌ったからだ。その後、加藤登紀子さんが歌い、大ヒットした曲である。

そんな関係で、ナレーションはキー局である東京のテレビ朝日で行われた。「知床、そこは地の果て」で始まるナレーションは、素晴らしい知床の自然と動物のことをあの独特の森繁節でしっかりと語っていた。

打ち上げが終わり、テレビ朝日からも特別な賞をいただいたが、今度は英語版でニューヨークフェスティバルの映像部門に出そうということになった。それで、シルバーサンクス・コーディネーター賞を受賞したのだ。当時、日本ではまだシルバーサンクスを受賞した映像はなかった。この賞を受賞したことは、私の人生の中で最初で最後のことだと思う。いまでもその映像を見るたびに、撮影で苦労した話

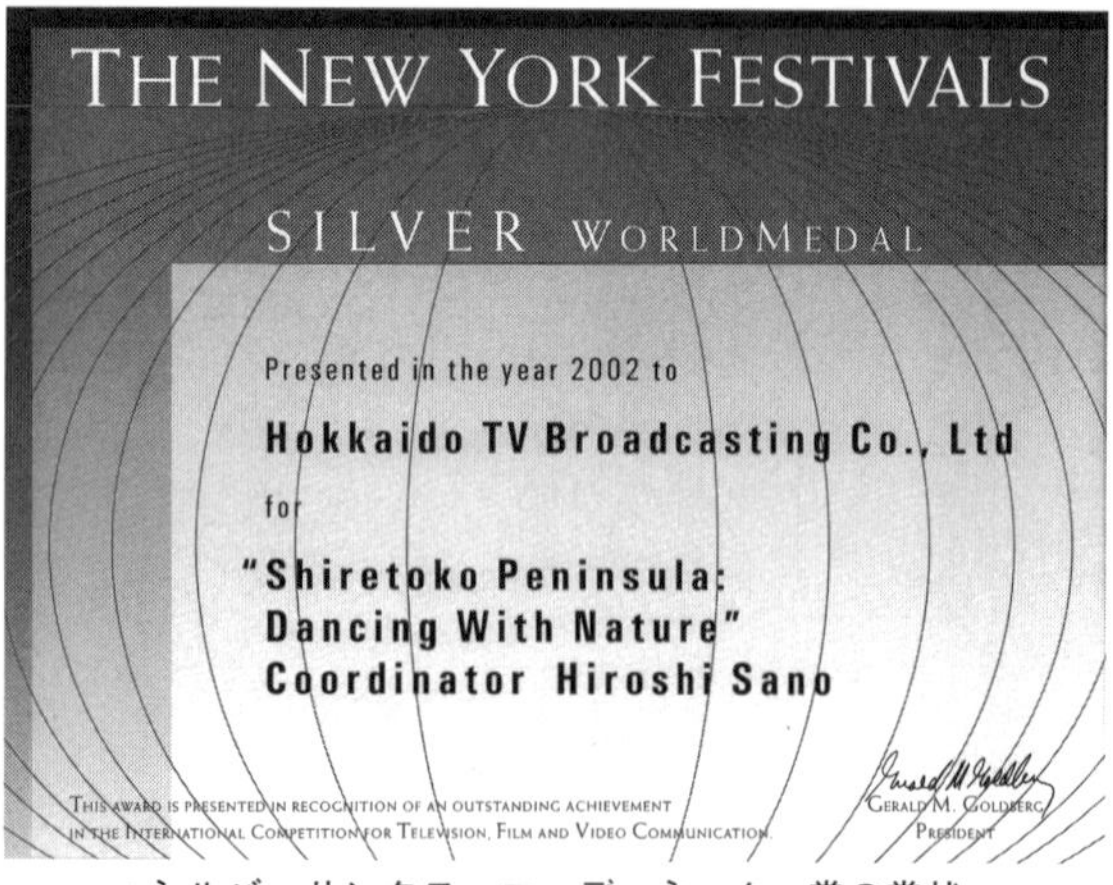
THE NEW YORK FESTIVALS

SILVER WORLDMEDAL

Presented in the year 2002 to

Hokkaido TV Broadcasting Co., Ltd

for

"Shiretoko Peninsula:
Dancing With Nature"
Coordinator Hiroshi Sano

This award is presented in recognition of an outstanding achievement
in the International Competition for Television, Film and Video Communication.

Gerald M. Goldberg
President

シルバーサンクス・コーディネーター賞の賞状

やいろいろな経験が思い出される。

石田くんは、立松くんの「こころと感動の旅」のカメラマンを何年も続けてやっていた。北海道版をやるときは、吉見さんもよく協力して手伝ってくれた。人は真剣になって取り組めば世界の映像にも出品できるということを、吉見さんも石田くんも感じたのではないかという気がする。これからも、世界中、日本各地の人に知床の素晴らしさをもっともっと理解してもらう映像があればいいと思う。

数々のテレビ番組

私は数々のテレビ番組に参画したり協力したりしている。テレビ番組では、文部大臣賞をもらった日本テレビの「キタキツネ物語」がある。その番組ではおよそ1年半協力した。その後は知床や摩周湖で、「NTTアワー」という月曜日の夜8時から1時間のスペシャル番組で5～6本協力した。テレビ朝日では「知床のすてきな仲間たち」という番組があった。私と立松くんと宗次郎くんが知床を旅して、クマやキツネ、クジラ、イルカと出会ったり、漁師や農家の方と出会うというものだった。その後は前述したHTBと「知床悠久の半島《しま》」という番組をつくった。

知床自然学校を運営していたときは、テレビ朝日の「江森陽弘のモーニングショー」で毎年15分ぐらい取り上げてくれた。NHKも取り上げてくれたことがある。

こうして、数々の番組に協力したり、あるいは活動を取り上げていただいたが、立松くんとの出会いによってさらに広がっていった。立松くん自身もテレビ朝日のニュースステーションによって番組出演が多くなったが、マスコミの力は本当に大きいと思う。知床についても、やはりこうした番組によって紹介されたことによる広がりは計り知れないものがあっただろう。ただ、知床の自然のことを理解し、それを守っていこうという以外のコンセプトの番組については、つねにお断りしてきた。

知床のアーカイブをつくる

知床に自然センターができた。自然センターから奥にはなるべく一般の観光客を入れず、知床の自然を守るための一つの拠点だ。大きな駐車場を備えていて、そこから先は専用バスか自転車、将来的には電気自動車だけで知床の自然を満喫してもらおうという趣向である。

自然センターには、春夏秋冬いつ来ても、つねに知床そのものを見ることができる映像が必要だということになり、学研が斜里町から製作を請け負った。ダイナビジョンという、横20m、縦12mのスクリーンで、「四季知床」を映写する。そこで、当時の観光協会長高桑さんから「佐野さんは知床のことをよく知っているから協力してあげてくれ」という電話が入り、学研の渡辺監督、平野さん、相原さんたちと会って打ち合わせをした。

フィルムは75㎜で、日本でまだ使ったことのない映像をつくりたいということで、そのカメラのマガジンは日本にはなく、ハリウッドから借りてくるということだった。渡辺監督は、「ワシの目から見た知床」というコンセプトでつくりたいということである。

しかしヘリコプターを使っての映像は、なかなかワシの目になったようには見えなかった。そこでみんなが工夫をしていろいろな機材をつくってきた。ヘリコプターはどこでも止まるわけにはいかないので、フォバーリングをしているときにカメラを搭載したものをワンタッチでつけ、ハーネスは後でつけてドアにガムテープで貼り付け映像を撮ることに成功した。

私も、ヘリコプターに16時間ぐらい乗せてもらった。知床の突端から急に霧の中に入ると海岸線が見えてくるシーン、知床の突端の春夏秋冬、人が汚した岩尾別の開拓跡地に木を植えたところに親子の鹿が出てきて、最後にピョンと飛ぶシーンも写すことができた。冬のシーンでは私の得意とするスノーモービルに75㎜の重量にして約90kgのカメラを積んで、キタキツネの足跡を撮った。シラカバや雪の中を走ったり歩いたり、迫力のある映像が数多く撮れた。

私の本業で販売しているクレーンを使った撮影も試みた。知床の自然を守るために植樹祭をしているのだが、その場面では親子で穴を掘り、そこに木の根が入るところからカメラを上げていきたいという監督の思いがあった。それは私には簡単なことで、うちにあった35tのクレーンにゴンドラをつけてカメラを乗せ、私がインカムでクレーンを操作した。カメラは、親子が穴を掘り、木を植えて土をかけているところから映像がパンして上がっていき、最後は40m上がって羅臼岳、知床連山を写しながら、ウトロの町の夕陽の映像をなめる。これが大成功だった。

ほかにもこの方法でもっといろいろな撮影ができないかということで、たとえば紅葉のときには、カメラだけクレーンの先に装着して紅葉の美しい山の中にブームを延ばし、迫力のある枝葉を写した。そのほかにもいろいろと撮ったが、渡辺監督をはじめスタッフ全員がすごい映像が撮れたと感動していた。いま知床自然センターで放映されている「四季知床」の映像はこうしてできたのである。

自然センターの「四季知床」を見てくれた人は、ほとんどが感動する。たとえば、雷が落ちてゴーンという音は、日本のスピーカーでは迫力がないということで、相原さんがわざわざアメリカへ行って買ってきた。また、その頃つくば博が開催されていたのだが、日本国政府館で「四季知床」を上映したいと声がかかった。そのときは片方の映像が止まり、片方の映像が走る、畑の落葉、映像が止まっているところをスノーモービルで走っていくと片方の映像がゆっくり流れ、片方の木の縁のほうは映像が走る。そんな映像を、だれがどんなふうに撮ったかわからないかたちで写すことができ、これも反響を呼んだ。

そんなことで、ものづくりに協力することに感動を覚えている。いまでも知床の自然センターで「四季知床」のダイナビジョンは使われているが、これも20年もたって古くなったので今度は4Dでやろうといった話も出てきている。

第5章
北海道の仲間たち

知床三堂例祭がこのように毎年恒例となり、20年以上も続けられている、その底力は、何と言ってもこの北の大地、北海道に育った大勢の仲間達の弛まぬ協力・支援のお陰である。この章では数多くの仲間からトピックスをまとめた。

1　素晴らしき仲間たち

北海道の農業に協力してくれる山田俊男さん

山田俊男さんと初めてお会いしたのは、全国農協中央会（全中）の専務理事時代、立松くんの出版パーティーのときだった。立松くんが、「北海道から来た僕の友人だ」と山田さんに紹介してくれた。山田さんはその後、参議院に出馬し全国区でトップに迫る勢いの得票数で当選した。2回目の選挙でもトップに近い得票数を得て当選を果たした。農協の後ろ盾があるとはいえ、やはり人柄なのだろうという気がする。

山田さんは全中出身でもあるので農業通で、農業の先生でもある。農業の苦しさ、手法をよく知っている。日本の農業王国の柱となって、中央で一番頑張っている人だ。

山田さんは、知床の例祭にも参加してくれるが、司会者が「参議院議員の山田俊男さんです」と紹介すると、「はい、私は山田です。いつもみなさんにお世話になっています。私は農業の代表で出ているものですから、農業のことはみなさんにお話しできます」という挨拶から始まる。

例祭の懇親会には農家の人がたくさん来ているので農業の話をし、ホクレンや農協の組合長や専務とも交流してだれとでも気さくに話す。「農業はこうあるべきだ」、「今度はこんなことをしなければいけない」という農業への思い、農業が日本の原点であるという話を必ずしていただける。

いつも人を心に置いて、誠心誠意、前を向いて行動していただけることに感謝する。知床へ来

元JA全中出身の山田俊男参議院議員。農業にはだれにも負けない情熱をもっている

てもいろいろな人といろいろな交流を持ち、宿題を与えられたら東京へ帰ってすぐ調べ、手紙か電話でかならず回答してくれる。農協職員もびっくりしていたようだ。

最近、例祭にはご夫妻で来るようになり、知床三堂には灯篭を寄贈していただいた。東京に行ったときは会食したり、立松くんの遠雷忌には必ずご夫妻で来て、2次会、3次会にも付き合っていただける。ついこの間は文太さんを偲ぶ会で、2次会までいろいろな話をした。

農業の話やTPP、大地の会の藤田会長も「農業はこうあるべきだ。立松くんや菅原さんがいれば、もっともっと変わっただろう」という話をしていたようだ。でも、いない者に頼っても仕方がない。いる者が何とかしなければいけない、というのが山田さんの持論だ。日本は農業王国なので、農業の柱となって藤田さんと二人三脚でやっていただければありがたい。

北海道は、これから日本の食料基地になると思う。北海道は四国、九州、鳥取を足したぐらいの面積があるからだ。私どもが住んでいる知床の農地の平均面積はついこの間まで24～25町だったが、聞いてみると40町、50町、60町を運営する大規模農業になってきている。

経費もかかるが取るものも大きい。気候に左右されずに安定することがこれから望まれる近代農業ではないかと思うので、これからも山田さんには全国各地の農業者に対してリーダーシップを取っていただきたい。

北海道経済のトップ横内龍三さん

北洋銀行の頭取だった横内さんに会ったのはいまから十数年前のことで、北洋の斜里支店長の今野さんの紹介だった。「うちの頭取が来る。佐野さんは知床に詳しいので、ぜひ案内してもらえませんか」という話だった。

横内さんは、元は日銀北海道支店で勤務していたこともあった。北海道で一番大きかった北海道拓殖銀行、通称拓銀が平成9年に破綻して北洋銀行が引き継いだが、その頃横内さんは日銀を離れ東京で弁護士活動をしていた。北洋銀行の当時の頭取と会長は日銀の先輩だったが、横内さんはその2人に誘われて弁護士を辞め、副頭取として北洋銀行へ来た。その後、すぐ頭取になった。こうして、北海道で一番大きい北洋銀行が誕生した。いまは北洋銀行の会長で、道警の公安委員長もしておられ、まさに北海道の経済界のトップでもあり、北海道経済の柱となって努力されている。そうした横内さんだが、いまでもたびたび知床を訪れてくれている。横内さんが来るたびに、商売の話や経済の話、さらには人の道なども教えてくださる。

横内さんが2回目に知床に来たときは、知床の番屋がもうオフになっていたので、知床丸の社長の大瀬初三郎さんとともに雪の林道を走って、番屋まで行った。番屋には食べものも何もないので、弁当や飲みものを買い、大瀬さんの話を2人で聞くことになった。横内さんは大瀬さんのような漁師の生き方にとても感動されたようだった。たぶん、これまで見たことのないような生

横内さんと私の息子敏之と一緒に神ノ子池に行ったとき

横内龍三さんと大瀬初三郎さん。横内さんは大瀬さんのことをいろいろな会議でも紹介している

き方をしている人間を知って、いろいろなことを考えられたのだろう。

横内さんは札幌へ戻ってから、支店長会議で知床の大瀬さんの話をしたそうだ。というのは、夕方の5時頃だったか、当時の斜里支店長から電話が入り、横内さんにどんな話をしたか聞きたいといわれたからだ。

「俺は学問も何もないけど、よく現場を見て、現場で一生懸命仕事をするから、次の仕事は何をしたらいいかよくわかるんだよ。だから、俺は毎日、現場を見て歩くんだよ。現場を見るんだよ」と大瀬さんは言っていた。横内さんは、そんな話を全道の支店長会議でしたそうだ。

横内さんは身体が大きくて力持ちに見えるけれども、本当に懐の広い、気のやさしい人だ。奥さんが一緒に来てくれたこともある。そのときには流氷がなくて、私は雪上車に2人を乗せて山の上へ行き、水平線に薄い流氷が見えたことを記憶している。

これからも横内さんといろいろな話をし、いろいろな情報交換をし、知床を愛していただきたい。また、横内さんはシマフクロウにも造詣が深く、北海道シマフクロウの会の会長も務めている。私も会員になっているが、四半期に1回ほど会報が回ってくる。横内さんは自然を愛するとともに人の心をつかみ、北海道の経済のトップとしていま活躍されているが、これからも知床のことをよろしくお願いしたい。

地元の素晴らしき仲間たち

中田建機の会長には、山小屋やお堂を建てるとき、さらには荒れ地を道路にしてもらうなど、いろいろとお世話になっている。いまは中田建機、辰三興業、北一産業という大きな会社を三つ経営する会長だが、車やタイヤをたくさん買っていただいている。中田建機の社長はうちの長男と同級生の尊徳くんだ。彼と息子は、小学校のＰＴＡ、父母会など、いろいろなかたちで交流があった。彼がＪＣの理事長をやった後、うちの息子が理事長になったり、二人三脚でお互いに助け合っている。

尊徳くんは毎回、知床三堂と知布泊村の例祭の総合司会をしてくれている。お寺さんの名前、進行を全部取り仕切ってもらっている。特にお寺さんの名前は読み方も難しいが、毎回、自分のパソコンで管理し、長い名前や難しそうな字には全部カナを振り、だれが見てもわかるように作成してくれる。

いま尊徳くんは三つの会社の社長になり、非常に忙しい。管内でもトップの重機屋さんに成長した。うちはまだまだ小さな会社だが、私も長男に佐野自動車の代表権を譲り、昨年から代表取締役専務に就任している。孫も同級生で、斜里小学校に通っている。中田家とはこれからも仲良く、三堂、知床、知布泊村に深い理解と協力を願いたい。

知床三堂知布泊村の事務局長三浦賢太郎くんは、斜里印刷の3代目社長である。彼は、私が知布泊村をつくったときから事務局をしていて、彼には何かと無理難題を言って、10年、15年、20

年の式典のすべての資料は彼にまとめてもらった。パンフレットや案内状などいろいろな印刷物もつくってもらっている。

彼の父の三浦詔男さんは私の先輩で、ＪＣ時代にＪＣのＪを教わった。夜は麻雀、昼間はＪＣ運動、そして仕事。本当にユーモラスなお父さんだった。「佐野くん、わからないからさ」と冗談を言いながら、ＪＣ、商工青年部はこうあるべきだとか、いろいろなかたちで指導してくれた。

三浦くんはまじめで、いまは町内の卓球少年団の指導員でもある。わざわざ私のところからステップワゴンを買い、それに子どもを乗せて各地区の大会へ行っているそうだ。本当に頭が下がる思いである。これからも知床三堂を始め知布泊村の応援をお願いしたい。

私の姉と同級生の鈴木完也くんは大学を卒業してからお兄さんが経営していた知床岬ホテルに戻った。そのときは専務だった。これまで彼には相談にも乗っていただき、逆に彼からの相談にもいろいろとのってきた。

特に私がＪＣの北方領土返還の委員長をしていたとき、ホテルのバスをよく借りて、会員を納沙布岬まで連れて行った。立松くんのニュースステーションの取材のときも、取材に来た人たちを安い値段で泊めてもらった。そのせいで、立松くんが出た番組は生中継7回、録画中継を入れると12回も行った。

私も日本テレビの1時間番組5本のほか、テレビ朝日はもちろん、ＮＨＫなどでも立松くんとともに、このホテルにはお世話になった。

その後、ホテルも大きくなり彼は代表取締役専務になったが、そのうちホテルを手放すことになり、その後は家族で知床季風クラブを経営した。

ソーラーカーのときも、一緒についてきてくれて応援してくれた。知床の自然を守るには排気ガスの出る車ではなく、こうしたソーラーカーがいい。その後は斜里小学校でも鈴木さんと一緒に子どもたちに見せた。朝日小学校にも行った。陰の立役者として感謝に堪えない。

大橋健活、力暢親子には、知床例祭で写真を撮っていただいたり、パンフレットづくりを手伝ってもらうなど、広報的なことでお世話になっている。大橋さんはお父さんが地元の写真屋をしていたのを受け継ぎ、いまは息子さんが3代目の社長をしている。

大橋さんは私の先輩であり、息子さんは私の長男と同級生で、子どものときからのつきあいだ。大橋さんは中田さんとともに知床三堂の事務局をしてもらっている。本書をつくるにあたっても、写真の提供を含めいろいろとお世話になっている。

例祭のときも、写真を撮っていただいていて、まさに影の立役者として活躍してもらっている。大橋さんは、私と同じで鈴木さんの大谷派の檀家でもある。大橋さんと京都や奈良のお寺に行ったとき、大橋さんは「佐野さん、こんな素晴らしいお寺の方々と交流できるのはとても素晴らしい。それもこれも知床三堂と知布泊村があるからだね」と言ってくれる。

大橋さん親子は、一方で2人して斜里の歴史や文化を写真に収めてまとめることをしているとのことだ。これからも大橋さん親子にはお世話になると思うので、ぜひ頑張っていただきたい。

鈴木真五さんは斜里の青年会議所(JC)に私が入会したときの理事長だった。JCのことがわからず、社会活動や地域社会への貢献などでいろいろと教わった。

子どものころ私は大谷幼稚園に通っていたが、そのとき鈴木さんは大学生で、たまに斜里に帰って来たときには会っていた。鈴木さんとはJCで初めて会った気がしていたが、この本を書くにあたって、私が幼稚園のときにすでに会っていたことを思い出した。大谷幼稚園の門の前にあった大きなイチョウの木によく登って遊んだことも思い出した。十数年前、鈴木さんのお寺の友好会館を建てなおす話が持ち上がり、そのとき幼稚園にあったイチョウの木を移植して植えた。きっと、鈴木さんにもそのイチョウの木は思い出深いものだったのかもしれない。

鈴木さんの奥さんが病気がちで、知布泊村にある喫茶店でご夫婦にたまたまお会いしたことがある。そのとき、私の山小屋の上から、素晴らしくいい景色の見えるところがあるからとお誘いした。知床連山とオホーツクの海が見渡せる雄大な景色で、私は連山の説明をしながらご夫婦に見ていただいた。奥さんはその後亡くなったが、鈴木さんは「うちの女房が、知床の自然は本当に素晴らしい、佐野さんに見せていただいた、と感謝していた」と話をしてくれた。

鈴木さんは現在、ユネスコの斜里の会長をしているほか、文化や教育についても貢献されている。鈴木さんには、私の妹や親父の命日には、必ずおふくろの家に来て法要をしていただいている。これからもいろいろとお世話になることが多いと思うが、知床三堂のことも含めてよろしくお願いしたい。

知床同期の仲間たち

約70年の人生のなかで、知床を離れたのはほんの数年程度であり、子供の頃から数え切れない友人仲間がいる。思いつくことを紹介したい。

小学校、中学校と一番の友人は藤谷耕平くんである。彼は斜里商工を出て早稲田の理工学部に入学、卒業後は大学院へ行き、その後日本鋼管に入社した。われわれの同級生の中でエリートといえる藤谷くんだ。彼のお父さんは元斜里町長を4期12年間務め、斜里町で初めての大きな事業であるナショナル・トラスト運動の生みの親でもある。町長としても素晴らしい人だった。イギリスで始まったこの運動は、お城や古い建物や公園などを保護するために、貴族などが寄付を集めたのが始まりだ。知床にもそんな場所がある。開拓に入り、夢敗れた放地が、知床連山の真下にあるのだ。それを何とか守っていかなければならないということで始まったのが、知床のナショナル・トラスト運動である。ナショナル・トラスト運動は世界にたくさんあるが、１００％完売したのは斜里町だけである。

藤野咲子ちゃんは、女性の同級生である。サキちゃんは地元の電電公社（現NTT）に入り、退職後は趣味で焼き物を始めた。作品は道展などに入選するなどプロ並の腕前で、地元の窯元として頑張っている。飯塚剛くんは、斜里高校を卒業すると料理の世界の修業に入った。若いときはずいぶん苦労をしたみたいだ。その苦労が報われたようで、最終的には東急グループの総料理長にまで登り詰めた。栗原孝子ちゃんは中学校のときの同級生だ。高校卒業後は銀行に勤め、町職員の旦那さんと結婚して退職した。主婦の鏡という感じだが、一方で地元の人たちとの交流も深めていて、自宅をアトリエのようにしていて、ガーデニングをしたりしている。佐藤澄男くんは、小学校の同級生だ。明るくてユーモアたっぷりで、しかし芯が強い。家は漁師だったが電電公社、いまのNTTに就職した。しかし、途中で退職して丸七高橋組という建設業の会社に再就職した。どうしても土木の仕事がしたいとのことで、「自分は土木がやりたい」と社長に掛け合って土木課を立ち上げた。その後、開発や土建、町指定の土木業者にまでなって実績を積み、土木部長になった。稲辺尊春くんは小中学校時代の同級生だ。実家の農業を引き継いで、ご両親とともに元気に農業をやっていた。努力の甲斐があって大規模農業になったので畑を近くの人に貸し、自分は役場の職員として勤務した。

川島妙子ちゃんは小中学校の同級生だ。小学校の頃は同じ町内に住み、よく遊び、勉強も教えてもらった。人の面倒をよく見て、クラスでも人気者だった。卒業して初めて会ったのは第1回の同期会だったが、すっかり奥様らしくなり、京都に嫁いだという話で盛り上がった。「京都、奈良には年に2、3回行っている」という話をすると、「ぜひ知床三堂の例祭へ行きたい」とのことだった。神社仏閣を見るために全国を旅している、7人の仲間がいるということだった。毘沙門堂の福島泰樹さんの話、聖徳太子を祀る法隆寺大野管長の話、最後に観音堂の前で京都仏教会の有馬猊下が話をしたが、「ものすごく感動した」ということだった。「京都、奈良へ行っても会えないお寺さんに、なぜ知床に来たら会えるのか」と不思議がっていた。

妙子ちゃんは子どものとき絵が上手で、斜里祭の夜店の5mぐらいの長い絵を描いて、教室の後ろ一面に貼っていた記憶がある。同期会のときにその話をすると、「え、あの絵を知っているの？」と言われた。「知ってるよ。金魚すくい、綿あめ、いろんな店が並んでいる絵だったね」と話をした。

まだまだ思い出は尽きないが、このくらいにしておく。

2　九死に一生を得る

私自身は生涯で3度死にかけたことがある。すでに3回死んでいると言っていいほどの大きな災難だった。そのために、生かされているといった意識がとても強い感じがしている。そして、より一層頑張ろうとか努力しようという意識が強くなったのではないかとも思っている。

感電事故

昭和47年の春のことだ。ウトロの漁師大宮さんから、「借りた機械を北見に返しにいくのに付き合ってほしい」と連絡があった。その前の日、たまたま時計屋さんに腕時計の修理を頼んだので、時計は身に着けていなかった。これがのちに生死の分かれ目になろうとは……。

朝、斜里を出るときに雨がしとしとと降っていた。春だからサンダルがほしくて、同級生の靴屋へ行くと、磁気サンダルというものがはやっているとのことで買い求め、それを履いてオーバーオールの下はジャージだった。

北見でクレーンの展示会をやっていた。クレーンを装着したトラックが5台も出ていたのだが、これは珍しいことで、私も興味津々で何気なくクレーンのレバーに触れたのだった。その瞬間だった。ガーンといきなり身体全身が打ちのめされた。何が何だかわからなかった。長男は元気に一生を送ってほしいと思い、人間はこんなことで死ぬんだと思ったきり、気を失ってしまった。

あとから聞いた話では、6万6000ボルトの高圧線にクレーンの先端がたまたま触れたのだった。電気は右腕から入り、履いていた新品の磁気サンダルから抜けた。着ていたオーバーオールとジャージはボロボロで、腕から抜けた電気でトラックの壁に穴が空いていた。時計をしていたとしたら完全にダメだった。

その送電線は阿寒から北見の変電所に流れているもので、電気に触れたときは私の筋肉が急縮し、ブレイカーが落ちるために電気の流れがストップする。すると今度は筋肉が急に緩むので、その反動で身体が飛ばされるということだった。立っていた位置から7mぐらい跳ばされ、頭の後ろにひびが入って割れた。汚い話だが、その衝撃で小便も大便も出て、意識不明のまま病院に入った。1週間後、意識を回復したときは、身体が焦げくさかった。その後半年ぐらい、北見の病院で治療をした。

北電の変電所の所長が毎日のようにやってきた。「普段はどういうものを食べていますか、どういう運動をしていますか」と言う。そういうことが、身体にすべて影響があるという。日本人で、6万6000ボルトの電気に触れて助かったのは私だけだという話も聞かされた。

電気が入ったときに逃げようとする方向がよかったことや、腕時計やベルトなど身体に金物がなかったこと、さらにはほどよく雨が降っていたので、オーバーオールとジャージがうまく燃えたことなど、いろいろな要因によって九死に一生を得た。

半年後、落ちた指の整形手術を3回ほどして、なんとか右の人差し指も使えるようになった。退院したあとも、毎日夕方から熱が38度以上出るようになった。内臓を検査すると中にも電気が通ったようで、小腸が少し狭くなっていることがわかった。その治療のために、北見の病院に10カ月ぐらい入院した。

人は死ぬ気になれば何でもできる。自分は一度、高圧線に触れて死んだのだという気持ちで、これからは仕事に取りかかろうと思った。当時はまだ佐野ボディの時代だった。

船の事故

それから、昭和48年には船の事故があった。斜里の港の工事をしていた船エンジンの調子が悪いということで修理をし、終わって試運転をしていたときだった。船の後ろで従業員の渡辺くんに運転してもらい、私は舳先で「右だ、左だ」と指示して防波堤のふちを走っていた。そのとき、大きな波が突然押し寄せ、船の後ろから水がドッと入ってきた。運転していた従業員はそのまま海に投げ出され、そのまま底のほうに吸い込まれていった。私は彼を助けようと思い、必死で海に飛び込んだ。あたりを何度となく潜ったが、そのうちテトラポッドの下へ潜ったときに吸い込まれてしまった。抜け出そうといくらあがいても浮かび上がることができなかった。苦しかった。水を飲んでしまい、そのまま意識が遠のいていった。運よく15分後に浮いたところを、魚釣りをしていた人にロープで引き上げられたそうだ。意識不明のままで斜里の国保病院に入り、4日目に意識を回復した。

おぼれて3日後、船を操縦していた渡辺くんの水死体が上がった。四十九日、一周忌には渡辺くんの実家へ行って状況を説明し、謝ってきた。彼が斜里へ来たときは結婚したばかりで、奥さんも「事故だから」と言ってはくれたものの、うちの従業員をなくしたことで自分の責任は重いと思った。いまも、命日には必ず顔を出している。

交通事故

感電事故の1年前の昭和46年、私は女房と2人で網走へ向けて走っていて、ちょうど藻琴の陸橋に差しかかったときだった。対抗車がセンターラインをオーバーして突然目の前に現れた。避けようがなく私の車と正面衝突した。相手の居眠り運転とのことで、私と女房は救急車で運ばれて網走の病院へ入院した。顎を切り、左足は骨がはみ出した。3カ月ぐらい網走の病院で手当を受けた。骨折箇所は4箇所、右足はくるぶしから直角に上へ向き、整形手術もした。女房も同じく顎を切り、踵を切って1カ月半ぐらい入院した。そんな大きなケガをしたのは初めてのことだった。

居眠り運転のおじさんは、甥っ子と2人でよく示談の話に来た。ケガは自賠責で治るし、保険も入っているなら、あとは車を弁償していただければ何も言わないと言った。3カ月入院した後に退院し、車を弁償してもらって示談になった。

たまたま女房は長男を妊娠していたため、右腕脱臼のままで、それ以上の治療ができなかった。

そんなことで、女房は一生、右手が肩より上に上がらない。「あなたにこういうケガをさせられた」と、いまだに冗談まじりによく言われる。そのときの長男も、いまでは44歳である。

3　人命救助

私はこれまでに24人の方を救助したり、そのほかすでに亡くなられていることもあったが、数多くの遭難活動に加わったことがある。そのなかから印象に残っているものを書き留めてみた。

昭和52年1月7日

網走黎明登高会という登山グループがあり、当時7人のパーティで知床羅臼岳から硫黄山を縦走するため12月に入り、1月5日に下りてくる予定だった。ところが、連絡が取れなくなり、やがて遭難とわかった。すぐさま捜索対策協議会と救助隊を結成。知床峠に一番近い愛山荘を起点に、警察無線や物資、食料等を10台のスノーモービルで運びこんだ。

ところが、毎日が吹雪で、なかなか救助は進展しなかった。ようやく4日目に晴れたので、スノーモービル3台でとりあえず知床峠まで行くことにした。まだ早朝だったので真っ暗だった。

羅臼岳もまったく見えない。しかしその日は、なんの成果も得られず、やむなく愛山荘に戻った。次の日、天候は芳しくなかったが、なんとか晴れ間を見て知床の羅臼平までスノーモービルを運転して一人で行くことにした。周囲からは危険だということで反対の声もあったが、落ち着いていられなかった。3時間ほど探し回った頃だっただろうか、突然一張りのテントが見つかった。よし、とばかりにテントに近づいたのだが、だれもいない。だめかと思い、ふとテントの横を見ると、一人の人が横たわっていた。すぐに無線連絡をすると、自衛隊のヘリコプターが救助にやって来た。そのときちょうど、当の山岳会の人たちもやってきた。話を聞くと、どうも途中で仲間別れしたようだった。あるグループは羅臼側へ下がり、別のグループはベースに残り、さらに別のグループは知床五湖に下がるかたちでバラバラになり、それが遭難の原因と見込まれた。

テントの中では隊長だった人が死亡していた。あとの人たちはヘリコプターや救助隊に何とか助けられた。しかし、病院に運ばれてから凍傷で手首を取るもの、足首を取るものがいた。その後、登高会の2人が凍傷で体と心を痛めたようで自殺した。山の道具を売っていたスポーツ店の人も責任を感じたのだろう自殺してしまった。悲惨な山の事故だった。

昭和58年1月18日

ある登山者が知床峠で正月を迎え、徒歩で羅臼へ向かったというが、その後連絡が取れなくなった。たまたま、別の登山者が当人のものと思われるリュックサックを携えてきた。遭難だということで、スノーモービル5台で救助に向かった。羅臼側の降り口になんとかたどり着くことができた。そこで、遭難者を発見。しかし、その人はすでに亡くなっていた。

昭和61年5月19日

岩尾別のホテルに泥棒が入ったとの通報があり、私は警察官と同行することになった。その泥棒は東京から来て、仕事に失敗し、人生にも負けて自殺しようとやって来たのだが死にきれず、冬でたまたま閉鎖していたそのホテルに入り込み、残っていたわずかな食料を供しながら生きていた。私と警察官が説得して保護し、なんとかその人は死なずにすんだ。

昭和63年3月9日

根室の主婦が趣味でやっていたアマチュア無線に、1本のSOSが入った。すぐに警察から要請があり、行くことになった。この日は強力な低気圧がやって来ていて、夜から大吹雪になるとの予報だった。そうなると一寸先が見えなくなる。しかし、いまのうちなら行けると思ったので、警察署や地元の山岳会と連絡を取り、4名の隊員と共に救助に向かった。

羅臼岳の8合目に到着したところ、そこにはピッケルで足を怪我して、自分で出血を止めて救助を待っている人がいた。スノーボードに乗せて知床峠までなんとか下山したのだが、みんな寒くて震えていた。やむなく知床峠の木造でできたトイレを壊し、そこで暖をとることにした。山はすでに一寸先が見えない大吹雪になっていた。このままではみんな遭難してしまう。なんとかいい方法はないかと必死で考えた。よし、ということで、ボードを引っ張る者が中間、私が先頭ということで、4台のスノーモービルを5mおきにロープでくくって連結させ、列車のようにして走ることにした。こうして何とか無事に山を降りることができた。

行くときは40分ぐらいで現場に着いたのだが、帰りはなんと3時間半もかかった。一寸先が見えない状態だった。ガードロープと標識だけを目当てにゆっくりと進み、夜が明ける頃ようやくウトロに着くことができた。救急車や報道関係者が待機していた。

平成6年9月28日

この日は自分の娘がケガをしたので、たまたま札幌に来ていた。斜里に帰ろうとしたのだが、予報どおり台風に遭遇してしまった。そのため、いつもの道を帰ることができない。しかし、紋別経由で網走までなんとかたどり着くことができた。ところが、国道が封鎖されていた。仕方なく裏道を回って、斜里に着いたのは朝の5時を過ぎていた。疲れ果てて眠りに落ちたちょうどそのときだった。親父から斜里町川上というところで斜里川が氾濫し、屋根の上や2階で6人の人が救助を待っているからすぐに行ってほしいと連絡が入った。その頃私の父は消防団長をしていたのだ。いまでは道警や自衛隊の優秀なヘリコプターがあるが、当時はそういうものはすぐには活用できなかった。さてどうしようかということになった。とっさに考えた末、漁師の親方に船を借りて船外機をつけ、流されたときの用心にアンカー2丁と、50ｍのロープを6本持って現地に向かうことにした。

船で道路の上に沿って行けば障害物はないと考え、水中から出ている電信柱の頭を目安にして進んでいった。現地では酪農家の人が2頭の子牛を2階に上げていた。「俺はどうでもいいから、うちのお袋と嫁と牛を連れて行ってくれ」と。そんなことはできないということで最初にお袋さんと嫁さん、最後にご主人と牛2頭を連れてきた。救助が終わって明るくなり、みなさんが救急車で病院に搬送された頃、帯広から自衛隊のヘリコプターが飛んできた。

平成9年2月17日

そのほかにも救助経験はたくさんあるが、なかでも一番心に残っている活動がある。17日の午後5時頃、斜里町ウトロの幌別地区で、奈良県から来た看護師さん2人が行方不明になったと連絡が入った。2人は、その日の午後1時頃休養センターをかんじきとスキーで出かけたが、そのときすでに知床には強い低気圧が来ていて、夕方からが大荒れになるとの予報だった。自然センターの人やホテル関係者は何度となく周囲を捜したが見つけられず、警察から救助の要請があった。吹雪が来ているため、スノーモービルの腕のたつ操縦者が求められていた。そこで、7人の優秀なメンバーを連れて救助に向かった。ちょうど夕ご飯の前だったのでメンバーはだれもまだ食べていなかった。たまたま自然センターのテーブルにおにぎり、漬物、卵焼きがいっぱい並んでいて、きっと私たちが無事に帰って来たら食べさせてくれるものだと思い、なんとなく安心して何度となくアタックした。

知床峠に向かい、知床五湖などもすべてくまなく調べた。しかし見つからない。22時30分の時点で、知床自然センターに全員で戻ることにした。しかし、私としてはもう一度アタックしたいとみんなに言った。1カ所だけ、捜していない沢があったのを思い出したからだ。そこがどうしても気になった。そこはスノーモービルでなければ行けないところだったので、みんなと相談してモービル2台と、それを補助する人間で行くことにした。

その沢へ入ると、いきなりスノーモービルがぬかるみに突っ込んでしまった。仕方なく、1台ずつモービルを引き上げようとしたちょうどそのとき、「助けて!」という大きな声が聞こえてきた。すぐセンターに無線を打ち、2人が生きていることを確認。こうして1時58分、2人を乗せて知床自然センターに帰ってくることができた。2人は救急車で搬送された。

こうして撤収を始め、モービルや雪上車をトラックに積みこみ、センターに入ったのだが、出発の前にテーブルの上に置いてあった、例のおにぎりも卵焼きも漬物もすべてなくなっていた。きっとセンターにいた人たちが食べたのだろう。私たちが夕ご飯を食べていないのを知っているはずなのに、と思うと残念だった。食べ物の恨みというやつだ。女房に、「おにぎりや食べ物をたくさん用意しておいてくれ」と指示して、全員で私の家に集まり、初めて夕ご飯を食べ苦労話もした。そのあとはみんな疲れてうちで雑魚寝した。疲れていたため、みんなすぐに眠りについた。

翌朝早くから電話がジャンジャン鳴り出した。一番最初が町長からだった。疲れていたので出たくなかったのだが、そうもいかない。

「このたびはどうもありがとうございました。町の自然センターが天気予報を予測もしないで、かんじきやスキーを履かせて出した町の責任は大きい。この方たちがもしも亡くなっていたら大変なことだった。よくやってくれた」という町長だった。その後すぐに警察署長、報道関係など、たくさんの電話が鳴ったが、午前中は疲れているのでお断りした。それほど今回はどっと疲れていた。

後でわかったのだが、看護師さん2人はもう助からないという気持ちで、すでに遺書を書いていたという。しかし、時折遠くで光るライトや、かすかに聞こえるエンジンの音に「だれかが助けに来てくれる」と期待を持てたのだと聞いた。

看護師さんたちからは手紙をいただいた。「私たちはいつも病院で人の命を救う仕事をしていますが、自分たちが命を救われたのは初めてです」と書いてあった。「命の尊さ、人の情け、自分の命を顧みず私たちを救助してくれた方々に感謝します」と。

そのことを立松くんに言ったら、その手紙を材料にして、「人を救う」というコラムを書いてくれた。その後、私たちに礼を述べたいとのことで、看護師さんが勤めている病院の院長や婦長さんが斜里町へわざわざ挨拶に来てくれた。2人の看護師さんは毎年、盆と暮れに贈り物と年賀状をくれるようになり、看護師さんのうち、石飛悦子さんはいまでも奈良の病院で勤務されているとのことだ。

もう1人の清水多嘉子さんは今年4月から東京の病院に勤務されたとのことで、実は6月に知床にわざわざ訪ねて来てくれた。19年ぶりの再会だった。清水さんは、「いまでは私の下で働く人が700人います。あのとき佐野さんに救助されなかったらいまの私はありませんから、一生懸命頑張ってきました」とおっしゃった。人を助けたことがこうした素晴らしい結果を生んだのだと思うと、とてもうれしかった。人を救うことは大変なことだが、救ってあげたときの感動は人知れないものがある。

平成12年2月18日

カムイワッカ付近で、東京から来た都の職員が行方不明になったという一報が警察に入った。ホテルに泊まった翌朝、「歩くスキーで行くから」と言って出かけたなり、連絡が取れず一昼夜が過ぎていた。そこで、朝から救助することになった。

私は前回の看護師さんの救助の経験から、「なるべく雪に足跡をつけないでほしい」と指示を出した。なぜかと言うと、前回はかんじきやスキー、モービルであちこち足跡を付けられ、どこを捜しどこを捜していないのかがわからなくなったからだ。そこで今回からは地図に捜索状況を書き込むために、範囲や捜索方法も決めて分類した。徒歩で探す場所やスキーで探す場所などを色分けした。こうして、知床五湖までを地図を使ってローラー作戦で捜した。

ところが現場には足跡が何もなかった。これはおかしいと判断した。景色がよかったので、おそらく林道をそのまま行ったのかもしれない。知床には有名なカムイワッカの滝があるが、たぶんそこを見に行ったのではないかと思ってスノーモービル2台を走らせた。すると途中で無線が入り、「スキーの足跡がところどころにある」と言う。わかった、そっちだということで、全員でカムイワッカの橋のところへ来た。スキーの跡があった。しかし、本人はいない。

これはおそらく、カムイワッカの登山口から上がっているだろうということで、登山口から3人で上がった。やがて、温泉の地熱で雪が溜まらないハイマツの陰で人を発見。その人は比較的元気そうで、おにぎりを食べると動けるようにもなった。暖かくして水を飲ませ、モービルの後ろにつかまらせて連れ戻った。ウトロのゲートのところには、すでに報道関係者がたくさん待っていた。

以上、私はこれまでに9回の人命救助に参加し、前述したように24人の方の命を救うことができた。こんな経験はめったにできることではなく、メンバーも含めてこれまで網走支庁長賞、警察署長の感謝状だけでも6枚いただいた。

人を救うというのはたいへん気持ちのいいものだが、一方で血が騒ぐということもある。しかも、ふつうは忙しくて斜里にいないことのほうが多いのだが、事件や事故があったときには、なぜかいつも斜里にいる。不思議な感じだ。これからも悲惨な事故だけはないほうがいいと心から思う次第だ。

第6章

これからの知床

立松くんが亡くなりすでに5年が過ぎた。彼との付き合いで多くのことを学んだ。これからは彼から学んだことを如何に次の世代へバトンタッチしていくのかが大きな課題のように思える。また、いつまでも彼のことを忘れたくない。最後の章であるが、そのような思いをまとめた。

1　わがまち斜里町、次世代の育成へ

これまで自分が歩いてきたことを振り返り、佐野自動車をここまで支えてくれた道内外の多くの実業家からの教えを少しでも次に世代に伝えたいと思う。

私が知床の農業に関わり始めたきっかけは、清里農協が全国農村景観100選に選ばれたときに、農業博士の小松光一さんや立松くんに来て講演してもらったり、近代農業ということでは参議院議員の山田俊男さんに話をしていただいたり、斜里農協婦人部結成のときには立松くんとか、女優の高橋惠子さんなどに講演で来ていただいたり、青年部の活動で宗次郎のコンサートをやったりしたことだ。知床の農業はテンサイ、ビート、要するにグラニュー糖と、それからジャガイモ、そして小麦の三種が主となっている。そのほかには、西利に供給する漬け物用の野菜として、キャベツ、タマネギ、ゴボウなどがある。

斜里町の農業については、よく人が困っているときの手の伸ばし方として、犬に飯を食わせるようなやり方をする人がいるが、そうではなく、今後どうしたら立ち直るか、どうなったら発展するかという未来の戦略を持ちながら実行しなければいけない。こうして斜里町の農業はいまでは町の産業の一番重要な部分を占めている。

いま知床の産業の柱として一番大きいのは農業だ。毎年140億円ぐらいの売り上げがある。漁業は、年によって違うが、毎年だいたい100億円ぐらいある。観光も100億円前後。商業、林業は4000〜5000万円なので、農業、漁業、観光が知床の3本柱といえる。すべて合算すると400億円近くになるので、人口1万2000人の小さな町だがうまく成り立っている。

第1次産業の生産者が裕福になると、他人に協力しようという明るい心が開けるが、余裕がなければ、他人のことを手伝う気持ちにはならない。だから農業も漁業も、困ったときにうちの会社として、私個人として、どういうお手伝いができるかということをいつも考えている。

自分が関わってきた自動車業界では、会社をゼロから立ち上げた創業者社長と、若手経営者の世代交代がホンダ販売店でもおこっていた。しかし、代を重ねるごとに会社がつぶれていくのを多く見てきた。そこで、若手経営者がともに学びあえる場を設けようということで、私は「次世代経営幹部交流会」を立ち上げた。平成24年、第1会合から翌年にかけて第4会合まで、北海道各地で行った。

第1会合は参加者の意向を聞き、それを調整して結果を出し、それに基づいて第2会合以降を運営していった。第2会合は「経営哲学・ビジョン経営」と「創業者に学ぶ」ということで開催した。第3回号では「ビジョン・経営実践スキル」「ホンダのものづくりと経営」、第4会合では「目標達成のために」「創業者に学ぶ」とした。

ホンダカーズ北見の総務経理部長をしていた私の長男も参加し、総勢で14名となった。今後も、交流会を開催し、北海道のビジョンを検討したり、新たな発信を行っていくつもりだ。

このようにこれからの知床を考えられるのもひとえに立松くんとの出会いがあったからである。

2 永遠の遠雷忌

立松和平くんを偲ぶ

平成27年2月の第1土曜日は立松くんの第3回遠雷忌で、全国から60～70人が福島泰樹さんの法昌寺に集まり法要をした。法要後は、立松くんの高校時代の友人で南極観測隊長も務めたことのある福地光男さんに立松くんとの思い出などを語っていただいた。

立松くんがこの世からいなくなり、その後も知床三堂の例祭は毎年続けられている。彼のお墓は福島住職がお守りする東京下谷の法昌寺に祭られている。お墓の建立は平成23年2月のことであった。その後、高橋公さんの発案で彼の命日の法昌寺での供養を「遠雷忌」と呼ぶことにして、毎年2月の第1土曜日に多くの人々が集まっている。

第1回目の遠雷忌では本堂で私が立松くんとの思い出話を御披露した。今年の遠雷忌では福島泰樹さんの法要に続き、立松くんの中学高校の同級生で南極観測隊長も務めたことのある福地光男さんに立松くんとの思い出などを語っていただいた。彼とは立松くんがNHK番組で知布泊のログハウスでロケをしたときに始めて会った。平成6年11月の雪が舞い散る頃であった。

立松和平くんと高校時代の友人

福地光男さんは栃木県立宇都宮高等学校を卒業後、北海道大学に進み水産学研究科の大学院を修了した。その後、国立極地研究所に勤務した。33次南極越冬隊長でもある。自然環境や地球温暖化など、いま世の中で騒がれている問題のスペシャリストと言っていい。

今年の立松くんの遠雷忌では、子ども時代の立松くんの話や、1年間越冬隊長として勤務した南極の話をしていただいた。

福地さんが南極から帰ってきて1カ月もしない頃、ニッポン放送で「地球はぼくらの宝物」という8時間のラジオ生番組があった。立松くんと福地さんが参加し、コーディネーターは女優の檀ふみさんだった。立松くんが「どうせ北海道から来るのだから佐野くんも加われよ」といい、8時間生番組のスタジオに入った。

全国各地の自然のいろいろな話とともに、リスナーから送られてきたハガキを一人10枚ずつぐらい読み上げた。私が読んだのは、仙台の青葉城の美しさの話だった。「城の周りは春には桜が咲き、ウグイスなどの小鳥が鳴いて素晴らしい」と書いてあったものを読んだ記憶がある。

北海道から来た手紙もあった。富良野のラベンダー畑の素晴らしさや、北海道の海の玄関である小樽運河の素晴らしさがいまも残されているというものだった。初めての経験ですごく緊張したが、8時間はあっという間だった。

福地さんの自然への愛着のある素晴らしい話、立松くんは世界中に行っていろいろな人と出会ったこと、自然の素晴らしさ、その土地の文化の素晴らしさを話していた記憶がある。福地さんは立松くんがわからない部分をフォローし、立松くんは南極のことを福地さんに聞いていた。

立松くんが亡くなる3年前、医者で登山家の今井通子さんと立松くんと何人かが、南極に1週間、招待された。推薦したのは福地さんだということが後でわかった。立松くんは南極の厳しさ、地球温暖化で南極の氷が溶けて自然が壊されている話を『南極で考えたこと』として出版した。その本の最後に、「本当に地球は私たちの宝物なのだ」と綴ってあった。

この番組を通じて、同級生というものは本当に気が許せて、それぞれ生きている道は違ってもいろいろなことを学ぶことに関して共通点があるのだなと思い知らされた。

高橋公さんには、「来年の遠雷忌のときに、立松のことを30分ぐらい講演してほしい」と言われている。何を話したらいいかわからないけれども、ハムさんはいつも、「佐野、お前はわっぺいとは一番いいときの25年間を付き合っている」と言う。

というのは、ハムさんと立松くんは学生時代、食うや食わずで四畳半の下宿に暮らし、学校もろくに行かずにドカタや旗振りなどの肉体的なアルバイトをして苦労した。2人とも早稲田大学出身なので、飲むとよく早稲田での貧乏な話をしていた。私と立松くんとが付き合った期間は互いにそれほど貧乏でもなかったので、ハムさんには貧乏なときの立松くんとの付き合いが心にしみているのだろう。

福地さんと立松くん、その素晴らしい同級生2人の仲を取り持つハムさんというように、いろいろな人との付き合いと協力が立松くんが残してくれた素晴らしい財産だと思う。福地さんは立松くんから彼の生前に何度も「福地、俺さ、知床ですごいこと始めちゃったんだけど、一度例祭を見に来いよ！」と誘われながら、遂に彼とともに来ることが出来なかったことをしきりに悔やんでいる。

福地さんは知床三堂に来たら必ずうちのお袋のところに寄り、「ばあちゃん、あんたの息子と立松くんがやっている知床三堂はいつも素晴らしいね。こんな立派なことが北海道の知床で行われるのは素晴らしいことだよ」と言う。お茶を2、3杯飲み、「来年も来るからね」と言って帰る。お袋は「ぜひ来年も寄ってお茶を飲んでいってほしい」と言う。

福地さんの礼状には「今年も佐野くんのおばあちゃんのうちへ行ってお茶をご馳走になり、帰りにトマトとおみやげをもらってきた」とある。福地さんには本当に人を思う心があるから、そういう交流ができるのかなと思う。これからは私もみなさんをまねて、心のやさしい、思いやりのある行動をしなければならない歳になったと感じさせられている。

福地さんは横松が(彼にとって同級生の立松くんは横松和夫なのだ)こんなことを言っていたと話したことがある。「俺さ、まさかこんなに3つもお堂が建って、立派な例祭になるとは思っていなかったんだ。10年どころかもう15年もたち、ますます盛大になってきてさ、これからどうすると良いのかな?」と。

立松くんが残したこの言葉を我々はしっかりと受け止め、神々が棲む知床に産まれた三堂例祭という神仏を大事にする心を引き継いでいく覚悟だ。

3　また、イチイを植える

今年もイチイの木100本を中心に全部で300本近くを知床三堂に植えた。5月の連休明けか

第19回例祭にて。右から、立松和平くんと中・高の同窓の福地光男さん、歌手の伊藤多喜男さん、母、姉

植樹用に使うイチイの木を掘り出しているところ。これからも知床のイチイはいろいろな場所に寄贈されることになっている

ら15日頃までかかったが、この作業は私一人ではとてもできないので、毎回お手伝いをしてもらっている。今年は、清里に住んでいる山中さんという方のご主人が亡くなられ、イチイの木を私に寄贈したいということだった。知床三堂があるところに、ぜひ植えてほしいとのことだった。

いつもは羽田野くんたちに手伝ってもらうのだが、5月ということもあり農家も忙しい時期だったので、今回は漁業関係者の田中くん、金子くん、平賀くん、杉村くんと私の息子など8人ぐらいで作業に取り掛かった。山中さんの山に入り、イチイの木のほかにも全部で300本ほどを三堂の近くに植えさせてもらった。やがて、イチイの木がもっと育った段階で、奈良や京都に奉納できればいいなと考えている。

作業が終わって打ち上げの焼き肉パーティをうちの車庫で行った。うちの家族も含めて30人ほど集まり、みんなに「今回植えた木がやがて大きくなり、あなたがたの子どもや、その子どもたちが社会人になったときに、うちの親父は知床の三堂にこの木を植えたことを思い出し、木と子どもの成長を照らし合わせることがいつか来るだろう。今日はありがとう」という話をした。

私にはこういったお手伝いをしてくれる、20歳から50歳ぐらいの仲間たちがいるからこそ、知床三堂に木を植えたり例祭の準備のために清掃や山の草刈りなどができていると思っている。その数は50人以上になる。こうした人たちに私が声をかけると、二つ返事で手伝ってくれる。私の周りにこういった人たちがいて、自分は本当に幸せ者だと思っている。そして、こういう人たちがいることが知床三堂を守っていくための原動力となっていると考えている。

やがて、この人たちの子どもや孫たちも三堂に来て、楽しくお参りができたり、家族でキャンプをしたりログハウスに泊まったりして、知床の自然を楽しんでもらえたらいいなと思っている。

●著者略歴

佐野博（サノヒロシ）

昭和22年1月15日生

【学歴】

昭和31年3月　斜里町立斜里小学校・卒業

昭和37年3月　斜里町立斜里中学校・卒業

昭和40年3月　北海道立網走南ヶ丘高等学校・卒業

【職・事業暦】

昭和40年4月　北見トヨペット株式会社・入社

昭和45年5月　佐野ボデー工業・設立

平成元年1月　株式会社佐野自動車工業・設立

昭和62年1月　株式会社ホンダ販売網走・代表取締役就任

平成9年9月　株式会社ホンダプリモ北見・代表取締役就任

平成14年　全国軽自動車協会北見支部会長

平成17年6月　ホンダ販売北見・代表取締役就任（ホンダカーズ北見）

平成18年　ホンダ自販協全国理事

平成18年　ホンダ自販協全国北海道ブロック総務委員長　副会長

平成20年　住友生命保険相互会社全国総代

平成23年　日本自動車連盟全国総代

【表彰暦】

昭和50年11月14日　ウトロ・ホテル火災発見、消火協力　斜里消防団長

昭和51年5月20日　各種事件、遭難者救出、救助　斜里警察署長

昭和52年2月24日　知床山系山岳遭難者救出、救助物資輸送　網走支庁長

昭和52年2月24日　知床山系山岳遭難者救出、救助物資輸送　斜里警察署長

昭和58年1月10日　知床峠遭難事故発生捜索救助　斜里警察署長

昭和61年5月9日　岩尾別ホテル、泥棒犯人逮捕協力　斜里警察署長

昭和62年3月9日　床山系羅臼岳登山者滑落事故者、救出　斜里警察署長

平成6年9月28日　台風17号斜里町川上地区、被災者救出活動　斜里町町長

平成6年9月28日　台風17号斜里町川上地区、被災者救出活動（7名・

救出、救助）斜里町町長
平成9年2月20日　知床幌別地区における遭難者捜索、救出活動　斜里町町長
平成9年2月20日　知床幌別地区における遭難者捜索、救出活動（奈良県・女性2名）斜里警察署長
平成12年2月　カムイワッカ付近、遭難者捜索、救助活動（東京都職員・1名）斜里町町長
平成12年2月　カムイワッカ付近、遭難者捜索、救助活動（東京都職員・1名）斜里警察署長
平成14年10月16日　日本善行銅章（公共生活への貢献）社団法人日本善行会会長
平成14年　第45回ニューヨークフェスティバル映像部門シルバーサンクス受賞　佐野博
平成18年3月22日　ＮＨＫ局長賞
平成23年6月13日　斜里警察署協議会会長　感謝状授与

【趣味】

昭和54年～57年　全日本ボーリング3年連続チャンピオン（東京・大阪・名古屋）
昭和57年～59年　全日本スノーモービル3年連続チャンピオン
昭和57年　知床知布泊村・開村　ログハウス1棟完成、現在6棟完成
昭和58年2月　〝55〟知床連山縦走（スノーモービル）「藻琴山～斜里岳～羅臼岳」
平成3～4年　パリ・ダカールラリー出場、完走。出場チーム名「チーム立松」
平成6年　全国ソーラーカーレース、ドライバーで出場「チーム知床」北見・名古屋・神戸・横浜・鈴鹿、全国転戦総合三位
平成6年　知床毘沙門堂建立（浅草・法昌寺）落慶入仏式、法要開催
平成7年　イギリス～スコットランド縦断、ドライバー出場「チーム立松」
平成9年　知床太子殿建立（奈良・法隆寺）落慶入魂式、法要開催
平成10年5月　奈良市、法隆寺・斜里産、オンコ（イチイ）の木、450本百済観音堂・新宝蔵院前庭に寄贈
平成10年5月　法隆寺より絵図　14点、「法隆寺の至宝」14巻　執筆者高田良信氏ほか奈良時代の丸瓦、古材で作った百万塔、江戸時代の法隆寺大伽藍（がらん）図等、オンコのお礼として斜里町に寄付、立会人として
平成11年7月　知床観音堂建立、（法隆寺・宮大工2名、他）落慶入魂式、法要開催。以後毎年、六月第四日曜日を知床知布泊村例大祭日

と定める

平成16年6月知床知布泊村開村25年・知床毘沙門開堂10周年記念事業「知床世界自然遺産フォーラム」開催

平成21年6月知床知布泊村開村30年・知床毘沙門開堂15周年記念事業「知床世界自然遺産フォーラム」開催

【映画関係】

昭和62年度　学研社「ダイナビジョン」知床自然センター　コーディネター　撮影協力

松竹映画「男はつらいよ」知床旅情編　監督・山田洋次　俳優・渥美清・竹下景子・三船敏郎・淡路恵子・倍賞千恵子　撮影協力

つくば博覧会「四季の知床」誘致、撮影協力

「光の雨」脚本・立松和平　監督・高橋伴明　俳優・大杉漣・山本太郎・荻原聖人　誘致　撮影協力

【テレビ関係】

昭和59年~平成5年　テレビ朝日「知床自然学校」受講卒業生・142名出演・斜里青年会議所毎回、新聞、テレビにて放映

昭和60年~平成10年　テレビ朝日「ニューステーション」知床にて15年間で16回撮影（生中継・6回）コーディネター撮影協力

昭和62年　日本テレビ「知床の流氷スペシャル」NTTアワー　放映2時間　撮影協力

昭和63年　テレビ朝日「モーニングショウ」放映1時間、出演協力

平成元年　テレビ朝日「いく年くる年」元旦朝6時・生中継撮影協力

平成元年　テレビ朝日「サンデーモーニング」カムイワッカから生中継撮影協力

平成2年　日本テレビ「知床」NTTアワー　放映2時間　撮影協力

平成5年　NHK「知床の動物たち」放映2時間　取材協力

平成6年　テレビ朝日スペシャル「知床の春夏秋冬」取材協力

平成7年　NHKスペシャル「知床のすてきな仲間たち」放映2時間　出演、撮影協力

平成9年　NHKスペシャル「四季の知床」放映2時間　コーディネーター撮影協力

平成12年　ABCテレビ「太子をたずねて」放映1時間　撮影協力

平成13年　日本テレビ「大いなる知床」NTTアワー　放映1時間　撮影協力

平成13年　テレビ朝日スペシャル「知床悠久の半島」放映2時間　取材協力

平成14年　HTBテレビ　「夏の約束」　取材協力
平成14年　HBCテレビ「立松和平未来へ育てる緑の心」放映1時間撮影協力
平成14年〜18年　「イオンの知床に木を植えよう」取材協力
平成14年　ニューヨークフェスティバル　映像部門シルバーサンクス受賞
平成17年　HBCテレビ「氷のゆりかご知床」放映2時間　撮影協力
平成18年　NHKスペシャル「知床にいきる」放映取材協力
平成18年　高橋恵子「芸能人の古里を訪ねて」撮影協力
平成18年　NHKスペシャル「菅原文太が行く　人と鯨のたどった道」放映取材協力
平成18年3月22日　NHK局長賞受賞
平成19年　HBCテレビ「さいはての向日葵」放映1時間30分　撮影協力
平成24年　NHKエンタープライズ「日本列島　いきものたちの物語」コーディネーター撮影協力

【ニュース番組】
昭和55年度〜平成12年度　HBCテレビ「テレーポートシックス・テレポート2000」6本　取材協力
昭和59年度〜平成13年度　HTBテレビ「夕方ドンドン・HTBニュース」7本　取材協力
昭和61年度〜昭和63年度　UHBテレビ「スーパーニュース」2本　取材協力
平成元年〜平成7年　NHKテレビ「ニュースセンター」2本　取材協力

【書籍関係】
昭和63年発行　読売新聞社「ザ・北海道」文：立松和平　出演協力
平成4年発行　株式会社ソニーマガジン「知床の四季」著者：立松和平　出演協力
平成6年発行　株式会社講談社「流氷のおくりもの」著者：立松和平　写真提供
平成10年発行　株式会社主婦の生活社「知床丸太小屋日記」著者：立松和平　出演協力
平成12年発行　株式会社主婦の生活社「丸太小屋暮らし」1年間連載　著者・立松和平　出演協力
平成13年発行　「歓びの知床」著者：立松和平　出演協力
平成16年発行　勉誠出版「知床を歩く」著者：立松和平　取材協力

以上現在に至る

●第20回例祭参拝者御芳名

（順不同・敬称略）

有馬頼底（京都仏教会理事長　金閣寺・銀閣寺住職　相国寺派管長）
福島泰樹（法昌寺住職）
大野玄妙（法隆寺管長）
大野正法（法隆寺執事）
枡田定秀（法隆寺録事）
北河原公敬（東大寺長老）
宮城泰年（聖護院門跡門主）
日野西光尊（中宮寺門跡）
笠井康弘（信貴山千手院）
矢野謙堂（相国寺）
森清顕（清水寺）
香月泰秀（常照寺住職）
橋口玲（京都仏教会顧問弁護士）
長澤香静（京都仏教会事務局長）
中尾香代（京都仏教会事務職員）
上西康公（本行寺住職）
鈴木眞吾（西念寺住職）

日本経済新聞社

平田保雄（取締役会長）
杉田亮毅（日本経済研究センター会長）
宮本明彦（大阪本社編集局長）
伊藤圭子（文化事業局次長）
篠原昇司（札幌支社長）
岡松卓也（大阪文化担当部長）
毛糠秀樹（大阪社会部次長）

来賓

宮城明怜（聖護院門跡令夫人）
瀬川章（藤田観光取締役社長）
和泉浩（京都国際ホテル総支配人）
河内一友（毎日放送代表取締役社長）
河内信子（毎日放送社長夫人）
阿部成樹（毎日放送）
福知説子（雲月女将）
小城利重（斑鳩町長）
小城恵美（斑鳩町長夫人）
小山新造（小山（株）代表取締役社長）
小山勝子（小山（株）社長夫人）
窪田邦倫（読売新聞社取締役事業本部長）
永田慶典（読売新聞社事業局文化事業部主任）
大谷一奈（読売新聞社事業局文化事業部）
清水奈緒（読売新聞社事業局文化事業部）
芦田渚（あし田）
橋口昌弘（レイオンコンサルティング代表取締役社長）
足本裕子（文化遺産を未来につなぐ森づくりの為の有識者会議）
兼村菊雄（兼村工務店会長）
兼村弥生（兼村工務店会長夫人）
浅島邦夫（竹中工務店奈良営業所長）
猪又哲也（竹中工務店課長）
兼村雄一郎（カネユウ社長）
山本敏典（カネユウ）

勝間隆（勝間設備工業社長）
清水義一（清水土木専務）
山中俊典（山秋庭苑専務）
立石義雄（オムロン会長）
立石会美子（オムロン会長夫人）
野村明雄（大阪ガス相談役）
野村悠美（大阪ガス相談役夫人）
平井義久（京つけもの西利会長）
平井久子（西利会長夫人）
堀内俊樹（ホンダカーズ大阪社長）
越川裕一郎（ホンダカーズ南札幌社長）
武部新（衆議院議員）
武部勤（前衆議院議員）
髙橋文明（北海道議会議員）
藤本悟（ダイキン工業室長）
篠田昭（新潟市長）
神谷英孝（北海道信用保証協会北見支店長）

道外

三井和夫（日宝常務取締役）
ヒロ中田（じゃらんエグゼクティブマネージャー）
有吉勝昭（ハースコーポレーション社長）
越永堅士（リラックスコミュニケーションズ社長）
平田龍久麿（富久屋社長）
有野孝（DKSHジャパン）
日比野正雄（エディションホールディングス社長）
小島英範（ラッシュ社長）
染川満（ラッシュ取締役営業部長）
川上周二（湯島山口）
川上俊子（湯島山口）
高坂宗昭（飯島町長）
坂田信一郎（中央自動車工業社長）
諏訪部正彦（東京海上日動火災保険常務）
古川栄作（西利部長）
田中雅章（ホンダファイナンス社長）
三橋正彦（ホンダカーズ大阪課長）
最上啓一（日本興亜損保横浜支店長）

道内

秋山裕晴（吉崎工業所常務）
今泉宏人（ホンダオートオークション北海道）
伊藤典明（コマツ建機販売）
大石忠志（東北海道いすゞ網走営業所長）
奥泉貴和（東北海道いすゞ網走営業所マネージャー）
林利美（東北海道いすゞ北見支店長）
渡部正勝（北神産業社長）
上野八郎（上野・横山・渡法律事務所）
横山和樹（上野・横山・渡法律事務所）
渡能史（上野・横山・渡法律事務所）
上野英司（クボタ建機）
梅津敏行（木舎社長）
西山雄一郎（風花オーナー）
大西雅之（阿寒グランドホテル社長）
川瀬敏朗（オホーツク北斗ひまわり

基金法律事務所）
内藤薫（桑原電工）
谷津郁夫（小柳中央堂専務）
沼倉聡（小柳中央堂）
佐藤三郎（北見地区自家用自動車協会専務理事）
齋藤正彦（北海道コカコーラボトリング課長）
斉藤尚一（サンナット社長）
佐野健三（そうけん専務）
佐藤正雄（イヤサカ札幌支店局長代理）
佐々木琢（北海道リース北見支店長）
岡本和也（中央自動車工業札幌支社長）
柴田哲夫（柴田運送社長）
嶋田健（テレビ北海道常務）
山口秋広（JAF北見支部事務所長）
大山政昭（JAF北見支部）
片岡幸士（住友生命北見支社長）
立山祐幸（住友生命北見支社）
伊藤勢波（住友生命北見支社）
佐野正人（住友生命北見支社）
田中勝則（(株)タナカ社長）
内堀豪（タダノ帯広営業所）
有吉良（タダノ帯広営業所）
伊原裕（東京海上日動火災保険旭川支店長）
辻真二（東京海上日動火災保険北見支社長）
赤川秀樹（東京海上日動火災保険北見支社）
成田啓（北見地区軽自動車協会専務理事）
中村信（そうけん社長）
田宮弘志（損保ジャパン日本興亜北海道本部長）
内野浩一（日本興亜東北海道支店長）
山端豪（日本興亜北見支社長）
藤谷剛司（日本興亜課長代理）
林大介（損保ジャパン東北海道支店長）
田中克政（損保ジャパン北見支社長）
林部耕造（損保ジャパン網走支社長）
西村真人（日刊自動車新聞社北海道支社）
板東招造（板東釣具店）
野陣伸児（東北海道日野自動車）
森谷修（東北海道日野自動車）
近藤孝司（東北海道日野自動車北見支店長）
中島睦（東北海道日野自動車網走営業所長）
若狭紀昭（ブリヂストンタイヤジャパン本部長）
山田禎史（ブリヂストンタイヤジャパン）
別所博文（北洋銀行北見中央支店長）
舘入義弘（北洋銀行北見中央副支店長）
今野了（北洋銀行深川支店長）
田野優（札幌北洋リース支店長）
北川祥司（北海道エネルギー道北支店長）
鈴木真悟（北海道エネルギー道北支店）
鎌田貴弘（北海道エネルギー）
柏倉健太郎（北海道エネルギー）
兼間祐二（北海道銀行北見支店長）

菅野浩嗣（本田技研工業北海道ブロック）
中野上（本田技研工業北海道ブロック）
増田英樹（本田技研工業北海道ブロック）
坂本泰庸（ホンダファイナンス）
坂本啓二（ホンダコムテック統括部長）
宮路裕和（ホンダコムテック）
手塚完二（ホンダカーズ北海道社長）
市川琢哉（ホンダカーズ北海道）
松江浩一（帝国データバンク北見支店）
松田寿夫（松田部品北見支店社長）
宮崎均志（丸田組部長）
椿坂則昌（岩倉建設網走支店長）
吉川哲也（三井住友海上北海道本部長）
内田長人（三井住友海上北海道中央支店長）
宮本貴之（三井住友海上北見支社長）
百瀬真介（三井住友海上北見支社）
水野順友（キャタピラーイーストジャパン）
村田晋（村田塗料店社長）
中西寿裕（村田塗料店）
村田貴（桑原電装網走支店長）
村井昌裕（まちづくり北見店長）
向井辰巳（ホンダカーズ滝川社長）
山本繁好（桑原電工相談役）
柳瀬秀敏（岩田地崎建設部長）
米田正則（ホンダサービス技術センター札幌所長）

町内

馬場隆（斜里町長）
尾澤利昭（網走信用金庫斜里支店長）
上野洋司（知床斜里町観光協会会長）
上野山文男（ユートピア知床社長）
大瀬初三郎（知床漁業生産組合社長）
川村國博（斜里バス会長）
桂田鉄三（斜里町議会議員）
木村哲明（片山電気商会社長）
桑島繁行（知床グランドホテル社長）
工藤忠志（アウンモイ漁業社長）
午来昌（元斜里町長）
佐野盛貴（マルタカフォワーダー会長）
坂井幸雄（知床フラワーさかい）
髙橋一成（丸七高橋組社長）
竹田栄治（斜里自動車学校校長）
塚田光信（ツカダ社長）
旭秀樹（斜里西利会）
髙橋重一（斜里西利会）
野上英人（知床丸共同漁業部船頭）
濱田幸博（斜里町農業協同組合代表理事組合長）
石川和雄（北洋銀行斜里支店長）
菊地峻（北洋銀行斜里支店）
安田喜正（北海道銀行斜里支店長）
川上聖一（北海道銀行斜里支店）
川村康介（北海道銀行斜里支店）
三浦詔男（斜里印刷社長）
村田均（前斜里町長）
山中正実（知床博物館館長）
山口広行（斜里警察署長）
鈴木完也（季風クラブ知床社長）

村民

名誉村民七條史／佐野博／佐野厚子
故立松和平／横松美千繪／林心平
宗次郎／髙橋伴明／髙橋惠子
故菅原文太／菅原文子
伊藤多喜雄（TAKiO）／加藤純子
益子剛／相川七瀬／治田徹也
治田静子／中田幸位／中田本子
羽田野達也／岩城仁／羽田野靖
羽田野七絵／市村勝／元村俊二
橋本昭夫／亀谷裕悦／大橋健浩
佐野敏之／佐野優子／大橋力暢
中田尊徳／佐野博美／佐野厚志
佐野由佳里／佐野三男／佐野裕子
佐野友介／佐野幾美／野村博子
野村織音／福地光男／福地紀枝
若井英樹／若井香代子／高橋公
黒古一夫／山田俊男／鈴木基司
藤田和芳／牧野覚／牧野太一
三井和夫／ヒロ中田
事務局　三浦賢太郎

開村協力者　佐藤栄治
氏子　七條史雄

協力者

飯塚剛／石川哲丸／石崎祐一
市村勝／岩城仁／植木祐成
植村清美／逢坂ひとみ
大須賀文洋／大槻敏文／大槻桃子
大野友紀／大橋健浩／大橋力暢
小川勝博／奥山淳／小野誠
片山泰則／金澤圭吾／金子心治
亀谷裕悦／狩野恵子／工藤惠子
栗原礼子／斉藤昭子／佐々木剛志
佐藤栄治／佐藤賢二／佐藤健太郎
佐藤寛之／佐野厚志／佐野由佳里
佐野博美／佐野幾美／佐野敏之
佐野優子／佐野三男／佐野裕子
佐野友介／杉村優斗／関下拓也
高橋祐助／武正祐一／橘英孝
田中明夫／田中みわ／田中信子
田中亮紘／津田康司／出口利幸
長岡繁雄／長嶋宣幸／中田くに子
中田尊徳／成ヶ澤雅之／橋本昭夫
波多野勲／羽田野達也／羽田野靖
馬場祐介／原哲也／平賀篤
平野美由紀／細谷隆弘／本間厚
前川京介／牧野覚／牧野太一
三浦賢太郎／三宅圭司／元村俊二
森和徳／保村康子／柳瀬良太
山内靖之／山吹佐智子／吉岡則男
吉岡泰樹／三井和夫／ヒロ中田

協力団体

日本経済新聞社・斜里町／羅臼町
知床斜里町観光協会
知床羅臼町観光協会
JA斜里町／斜里第一漁業協同組合
ウトロ漁業協同組合
法隆寺／京都仏教会／相國寺
清水寺／金閣寺／銀閣寺／法昌寺
南之坊／薬師寺／聖護院
中宮寺／常照寺／養福寺／小仲坊

興福寺／東大寺／法昌寺毘沙門講
本行寺／西念寺／禅龍寺
北海道銀行／北洋銀行
網走信用金庫／斜里町文化連盟
本田技研工業
ホンダカーズ南北海道（株）
（株）ホンダカーズ滝川
本田技研北海道営業部
日本興亜損害保険（株）
（株）損害保険ジャパン
東京海上日動火災保険（株）
三井住友海上火災保険（株）
（株）中田建機／辰三興業（株）
土橋工業（株）／（株）丸七高橋組
斜里建設工業（株）
（株）マルタカフォワーダー
植村建設／（有）片山電気商会
知床漁業生産組合
（有）茄子川石材工業所
日本石材センター（株）
（株）鶴雅リゾート

（株）知床グランドホテル北こぶし
（株）知床プリンスホテル風なみ季
（株）知床第一ホテル
（株）ホテル知床
ホテルグランティア知床
斜里セントラルホテル
斜里第一ホテル
日本航空北海道支社
ＪＴＢ北海道北見支店
知床郷土料理研究会
北海道日本料理研究会
（有）マルサン美田二／来運自治会
（有）治田タイヤ工業
（株）ホンダ販売北見
（有）すぎやま
つくだ荘／（株）菅原事務所
（株）ブロウアップ／（有）風音工房
フィールドワークスジャパン
（有）佐野鉄工所
（株）佐野自動車工業
（株）ユートピア知床

京つけもの西利本店／斜里西利会
（株）高田太郎商店
（株）北欧スポーツ
（有）大橋スタジオ／（有）斜里印刷
住友生命保険
テレビ朝日／ＴＶ北海道
北海道新聞社／読売新聞社
（有）知床ジャニー
（株）ＮＴＴ東日本北海道北見支店
（株）ＮＴＴドコモ北海道北見支店
斜里バス（株）／斜里アポロ石油（株）
（株）タナカ／てんてんてまり
伴ビジネス（有）
季風クラブ知床

あとがき

立松くんが知床に初めてやって来たときは、スニーカーと夏用のジャンパーという服装だった。知床は厳寒の頃で、うちの女房がその恰好では寒いということで、長靴を買いそろえるとともに、頭も寒いので黒と灰色の毛糸の帽子を買ってあげた。その後、この帽子をニュースステーションなどの取材では必ずかぶっていて、十数年間にわたって使っていたようだ。

いま思い返すと、私と立松くんとが出会った頃は、仕事も忙しかったのでおしゃれをしたり身だしなみを整える余裕もなかったが、それよりも立松くんは物を大事にすることを心がけていたようだ。このことは私もよく言われたものだ。

その後、4、5年たって知床に仕事で来たときには、オーバーズボンや毛糸のセーターも奥さんに買ってもらったとのことだった。そのときも知床の山に泊り、みんなで焼肉やチャンチャン焼きを食べた。

これまで、立松くんとはテレビだけでも8本の番組を一緒にやった。

最初に私は、知床の夢を彼に1時間以上にわたって語ったことがある。そのときに「知床のトムソーヤ」と書いた色紙をくれた。

互いに人と人の縁で出会い、それに協力したことが、いまだにこうしてつながっているのだと思う。

立松くんが知床に来たときは、ホテルではなく、よく私の家に泊まったものだ。そのときかならず電話がかかってきて「ホテル佐野ですか。今日は部屋は空いてますか」というのだった。「はい、シングルなら空いてますよ」という冗談をよく言ったものだ。

食事をして寝る段になっても、彼は朝の4時、5時頃まで原稿を書いていることが多かった。私は逆に朝早く起きるのだが、彼は8時頃起き出してくると、顔を洗うのではなく、まず事務所に原稿をファクスし、電話でいろいろな指示をしていた。彼は私の3倍は仕事をしていた気がする。

立松くんは、来るたびに「今度はこんな人を知床に連れてくるよ」といって、いつも新しい人を連れてきてくれた。

彼が亡くなったことはまだまだ信じられず、私の携帯にはまだ彼の番号が残っている。

なんとか執筆作業を終えることができた。慣れないこともあって、正直言ってたいへんだった。私一人ではできないことがたくさんあることはわかっていたが、今回もまた、いろいろな人にお世話になってしまった。

本書のタイトルだが、いささか大げさなものになっている。これは本書制作にあたって編集や文字校正でお手伝いしていただいた福地光男さんと高橋公さんから、「佐野さん、どうせ出すんだから、きちんとした内容は当然で、タイトルだってカッコよくて売れそうなものにしないとだめだ」と諭されてつけたものだ。正直、いくぶん恥ずかしい気もしているが、これも縁だと思っている。

また、本書にご登場いただいた多くの人たちについての記述では、誤解を招くような箇所や間違っているところがあるかもしれないが、それらはすべて私の記憶の世界を体現したものなので、責任はすべて私にあるので、お許しいただきたい。

ところで、本書では私の家族のことがあまり出てこない。しかし、振り返るともっとも協力してくれたのはうちの家族だ。その中でも、特に女房にはいつも影の力として大変お世話になっている。この場をかりて、心から礼を言いたい。

思い返せば、知布泊村ができたときは、1年で全国から600人ぐらいの人たちが2泊3日ぐらいでやって来た。近くにレストランや食事をするところがなかったので、できたばかりのログハウスを開放して、そこでチャンチャン焼きやらジンギスカンをしたり、あるいはおにぎりをつくってふるまったりした。しかも、それらはすべてうちの女房や子どもたちが手弁当でしたことだ。

そうこうしているうちに、農家や漁師、さらには商工会議所の人たちがだんだん参加してきた。それがやがてもっと大きくなって、知床例祭の準備などをしてくれるグループに発展するようになったのだ。

立松くんはそうしたうちの家族のことを見て、「いやあ、東京では考えられないような家族の絆だね」と言った。「それは知床のような田舎だからできるんだよ」と私が言うと、「いや、田舎だって、こんなことはそう簡単にはできないよ」と言って感心していた。うちの家族はそれほど特殊なのだろうかと考えてみたが、ごく普通だと思う。むしろ、私がわがままで好き放題していることに対して、あきらめているのかもしれないとも思っている。

いずれにせよ、迷惑をかけている。ここに感謝の意を表したい。

最後に、本書制作にあたって責任者でもあった出版社ウェイツの中井健人氏にもお礼を述べたい。

佐野 博

平成27年6月28日　第21回知床三堂例祭

神々の棲む知床と共に生きる

2015年7月15日　初版第1刷

著著　佐野 博
発行人　中井健人
発行所　株式会社ウェイツ
〒160-0006
東京都新宿区舟町11番地
松川ビル2階
電　話　03-3351-1874
FAX　03-3351-1974
http://www.wayts.net/

装幀　松田晴夫（(株) クリエイティブ・コンセプト）
レイアウト　飯田慈子（ウェイツ）
印刷　シナノパブリッシングプレス

Printed in Japan
ISBN978-4-904979-23-5　C0095